Wisława Szymborska

Wisława Szymborska

Nic dwa razy
Wybór wierszy

Wybór i przekład
Stanisław Barańczak
i Clare Cavanagh

Posłowie
Stanisław Barańczak

Wydawnictwo Literackie

Wisława Szymborska

Nothing Twice
Selected Poems

Selected and translated by
Stanisław Barańczak
and Clare Cavanagh

Afterword by
Stanisław Barańczak

Teksty wierszy Wisławy Szymborskiej oparto na następujących wydaniach:
Wszelki wypadek, SW „Czytelnik", Warszawa 1972
Wielka liczba, SW „Czytelnik", Warszawa 1976
Wybór wierszy, PIW, Warszawa 1979
Ludzie na moście, SW „Czytelnik", Warszawa 1986
Koniec i początek, a5, Poznań 1993

Niniejszy zbiór tłumaczeń wierszy Wisławy Szymborskiej na język angielski stanowi rozszerzoną o dwadzieścia tytułów wersję *View with a Grain of Sand* — tomu, który ukazał się w USA w r. 1995 nakładem wydawnictwa Harcourt Brace & Co. i otrzymał doroczną nagrodę PEN-Clubu oraz Book-of-the-Month Club za najlepszy przekład literacki opublikowany w Stanach Zjednoczonych.

Projekt obwoluty, stron tytułowych oraz tłoczenia
Andrzej Dudziński

Redaktor
Krystyna Zaleska

Redaktor techniczny
Bożena Korbut

ISBN 83-08-03017-3

WOŁANIE DO YETI

CALLING OUT TO YETI

(1957)

DWIE MAŁPY BRUEGLA

Tak wygląda mój wielki maturalny sen:
siedzą w oknie dwie małpy przykute łańcuchem,
za oknem fruwa niebo
i kąpie się morze.

Zdaję z historii ludzi.
Jąkam się i brnę.

Małpa, wpatrzona we mnie, ironicznie słucha,
druga niby to drzemie —
a kiedy po pytaniu nastaje milczenie,
podpowiada mi
cichym brząkaniem łańcucha.

BRUEGHEL'S TWO MONKEYS

This is what I see in my dreams about final exams:
two monkeys, chained to the floor, sit on the windowsill,
the sky behind them flutters,
the sea is taking its bath.

The exam is History of Mankind.
I stammer and hedge.

One monkey stares and listens with mocking disdain,
the other seems to be dreaming away —
but when it's clear I don't know what to say
he prompts me with a gentle
clinking of his chain.

ATLANTYDA

Istnieli albo nie istnieli.
Na wyspie albo nie na wyspie.
Ocean albo nie ocean
połknął ich albo nie.

Czy było komu kochać kogo?
Czy było komu walczyć z kim?
Działo się wszystko albo nic
tam albo nie tam.

Miast siedem stało.
Czy na pewno?
Stać wiecznie chciało.
Gdzie dowody?

Nie wymyślili prochu, nie.
Proch wymyślili, tak.

Przypuszczalni. Wątpliwi.
Nie upamiętnieni.
Nie wyjęci z powietrza,
z ognia, z wody, z ziemi.

Nie zawarci w kamieniu
ani w kropli deszczu.
Nie mogący na serio
pozować do przestróg.

Meteor spadł.
To nie meteor.
Wulkan wybuchnął.
To nie wulkan.
Ktoś wołał coś.
Niczego nikt.

Na tej plus minus Atlantydzie.

ATLANTIS

They were or they weren't.
On an island or not.
An ocean or not an ocean
swallowed them up or it didn't.

Was there anyone to love anyone?
Did anybody have someone to fight?
Everything happened or it didn't
there or someplace else.

Seven cities stood there.
So we think.
They were meant to stand forever.
We suppose.

They weren't up to much, no.
They were up to something, yes.

Hypothetical. Dubious.
Uncommemorated.
Never extracted from air,
fire, water, or earth.

Not contained within a stone
or drop of rain.
Not suitable for straightfaced use
as a story's moral.

A meteor fell.
Not a meteor.
A volcano exploded.
Not a volcano.
Someone summoned something.
Nothing was called.

On this more-or-less Atlantis.

Aha, więc to są Himalaje.
Góry w biegu na księżyc.
Chwila startu utrwalona
na rozprutym nagle niebie.
Pustynia chmur przebita.
Uderzenie w nic.
Echo — biała niemowa.
Cisza.

Yeti, niżej jest środa,
abecadło, chleb
i dwa a dwa to cztery,
i topnieje śnieg.
Jest czerwone jabłuszko
przekrojone na krzyż.

Yeti, nie tylko zbrodnie
są u nas możliwe.
Yeti, nie wszystkie słowa
skazują na śmierć.

Dziedziczymy nadzieję —
dar zapominania.
Zobaczysz, jak rodzimy
dzieci na ruinach.

Yeti, Szekspira mamy.
Yeti, na skrzypcach gramy.
Yeti, o zmroku
zapalamy światło.

Tu — ni księżyc, ni ziemia
i łzy zamarzają.
O Yeti Półtwardowski,
zastanów się, wróć!

NOTES FROM A NONEXISTENT HIMALAYAN EXPEDITION

So these are the Himalayas.
Mountains racing to the moon.
The moment of their start recorded
on the startling, ripped canvas of the sky.
Holes punched in a desert of clouds.
Thrust into nothing.
Echo — a white mute.
Quiet.

Yeti, down there we've got Wednesday,
bread and alphabets.
Two times two is four.
Roses are red there,
and violets are blue.

Yeti, crime is not all
we're up to down there.
Yeti, not every sentence there
means death.

We've inherited hope —
the gift of forgetting.
You'll see how we give
birth among the ruins.

Yeti, we've got Shakespeare there.
Yeti, we play solitaire
and violin. At nightfall,
we turn lights on, Yeti.

Up here it's neither moon nor earth.
Tears freeze.
Oh Yeti, semi-moonman,
turn back, think again!

Tak w czterech ścianach lawin
wołałam do Yeti
przytupując dla rozgrzewki
na śniegu
na wiecznym.

I called this to the Yeti
inside four walls of avalanche,
stomping my feet for warmth
on the everlasting
snow.

NIC DWA RAZY

Nic dwa razy się nie zdarza
i nie zdarzy. Z tej przyczyny
zrodziliśmy się bez wprawy
i pomrzemy bez rutyny.

Choćbyśmy uczniami byli
najtępszymi w szkole świata,
nie będziemy repetować
żadnej zimy ani lata.

Żaden dzień się nie powtórzy,
nie ma dwóch podobnych nocy,
dwóch tych samych pocałunków,
dwóch jednakich spojrzeń w oczy.

Wczoraj, kiedy twoje imię
ktoś wymówił przy mnie głośno,
tak mi było, jakby róża
przez otwarte wpadła okno.

Dziś, kiedy jesteśmy razem,
odwróciłam twarz ku ścianie.
Róża? Jak wygląda róża?
Czy to kwiat? A może kamień?

Czemu ty się, zła godzino,
z niepotrzebnym mieszasz lękiem?
Jesteś — a więc musisz minąć.
Miniesz — a więc to jest piękne.

Uśmiechnięci, wpółobjęci
spróbujemy szukać zgody,
choć różnimy się od siebie
jak dwie krople czystej wody.

NOTHING TWICE

Nothing can ever happen twice.
In consequence, the sorry fact is
that we arrive here improvised
and leave without the chance to practice.

Even if there is no one dumber,
if you're the planet's biggest dunce,
you can't repeat the class in summer:
this course is only offered once.

No day copies yesterday,
no two nights will teach what bliss is
in precisely the same way,
with exactly the same kisses.

One day, perhaps, some idle tongue
mentions your name by accident:
I feel as if a rose were flung
into the room, all hue and scent.

The next day, though you're here with me,
I can't help looking at the clock:
A rose? A rose? What could that be?
Is it a flower or a rock?

Why do we treat the fleeting day
with so much needless fear and sorrow?
It's in its nature not to stay:
Today is always gone tomorrow.

With smiles and kisses, we prefer
to seek accord beneath our star,
although we're different (we concur)
just as two drops of water are.

SÓL

SALT

(1962)

Są talerze, ale nie ma apetytu.
Są obrączki, ale nie ma wzajemności
od co najmniej trzystu lat.

Jest wachlarz — gdzie rumieńce?
Są miecze — gdzie gniew?
I lutnia ani brzęknie o szarej godzinie.

Z braku wieczności zgromadzono
dziesięć tysięcy starych rzeczy.
Omszały woźny drzemie słodko
zwiesiwszy wąsy nad gablotką.

Metale, glina, piórko ptasie
cichutko tryumfują w czasie.
Chichocze tylko szpilka po śmieszce z Egiptu.

Korona przeczekała głowę.
Przegrała dłoń do rękawicy.
Zwyciężył prawy but nad nogą.

Co do mnie, żyję, proszę wierzyć.
Mój wyścig z suknią nadal trwa.
A jaki ona upór ma!
A jakby ona chciała przeżyć!

Here are plates but no appetite.
And wedding rings, but the requited love
has been gone now for some three hundred years.

Here's a fan — where is the maiden's blush?
Here are swords — where is the ire?
Nor will the lute sound at the twilight hour.

Since eternity was out of stock,
ten thousand aging things have been amassed instead.
The moss-grown guard in golden slumber
props his moustache on the Exhibit Number...

Eight. Metals, clay and feathers celebrate
their silent triumphs over dates.
Only some Egyptian flapper's silly hairpin giggles.

The crown has outlasted the head.
The hand has lost out to the glove.
The right shoe has defeated the foot.

As for me, I am still alive, you see.
The battle with my dress still rages on.
It struggles, foolish thing, so stubbornly!
Determined to keep living when I'm gone!

CHWILA W TROI

Małe dziewczynki
chude i bez wiary,
że piegi znikną z policzków,

nie zwracające niczyjej uwagi,
chodzące po powiekach świata,

podobne do tatusia albo do mamusi,
szczerze tym przerażone,

znad talerza,
znad książki,
sprzed lustra
porywane bywają do Troi.

W wielkich szatniach okamgnienia
przeobrażają się w piękne Heleny.

Wstępują po królewskich schodach
w szumie podziwu i długiego trenu.

Czują się lekkie. Wiedzą, że
piękność to wypoczynek,
że mowa sensu ust nabiera,
a gesty rzeźbią się same
w odniechceniu natchnionym.

Twarzyczki ich,
warte odprawy posłów,
dumnie sterczą na szyjach
godnych oblężenia.

Bruneci z filmów,
bracia koleżanek,

A MOMENT IN TROY

Little girls —
skinny, resigned
to freckles that won't go away,

not turning any heads
as they walk across the eyelids of the world,

looking just like Mom or Dad,
and sincerely horrified by it —

in the middle of dinner,
in the middle of a book,
while studying the mirror,
may suddenly be taken off to Troy.

In the grand boudoir of a wink
they all turn into beautiful Helens.

They ascend the royal staircase
in the rustling of silk and admiration.

They feel light. They all know
that beauty equals rest,
that lips mould the speech's meaning,
and gestures sculpt themselves
in inspired nonchalance.

Their small faces
worth dismissing envoys for
extend proudly on necks
that merit countless sieges.

Those tall, dark movie stars,
their girlfriends' older brothers,

nauczyciel rysunków,
ach, polegną wszyscy.

Małe dziewczynki
z wieży uśmiechu
patrzą na katastrofę.

Małe dziewczynki
ręce załamują
w upajającym obrzędzie obłudy.

Małe dziewczynki
na tle spustoszenia
w diademie płonącego miasta
z kolczykami lamentu powszechnego w uszach.

Blade i bez jednej łzy.
Syte widoku. Tryumfalne.
Zasmucone tym tylko,
że trzeba powrócić.

Małe dziewczynki
powracające.

the teacher from art class,
alas, they must all be slain.

Little girls
observe disaster
from a tower of smiles.

Little girls
wring their hands
in intoxicating mock despair.

Little girls
against a backdrop of destruction,
with flaming towns for tiaras,
in earrings of pandemic lamentation.

Pale and tearless.
Triumphant. Sated with the view.
Dreading only the inevitable
moment of return.

Little girls
returning.

CLOCHARD

W Paryżu, w dzień poranny aż do zmierzchu,
w Paryżu jak
w Paryżu, który
(o święta naiwności opisu, wspomóż mnie!)
w ogrodzie koło kamiennej katedry
(nie zbudowano jej, o nie,
zagrano ją na lutni)
zasnął w sarkofagowej pozie
clochard, mnich świecki, wyrzeczeniec.

Jeżeli nawet miał coś — to utracił,
a utraciwszy, nie pragnie odzyskać.
Należy mu się jeszcze żołd za podbój Galii —
przebolał, już nie stoi o to.
Nie zapłacono mu w piętnastym wieku
za pozowanie do lewego łotra —
zapomniał, przestał czekać już.

Zarabia na czerwone wino
strzyżeniem okolicznych psów.
Śpi z miną wynalazcy snów
do słońca wyroiwszy brodę.

Odkamieniają się szare chimery
(fruwale, niżły, małpierze i ćmięta,
grzaby, znienacki, głowy samonogie,
wieloractwo, gotyckie allegro vivace)

i przyglądają mu się z ciekawością,
jakiej nie mają dla nikogo z nas,
roztropny Piotrze,
czynny Michale,
zaradna Ewo,
Barbaro, Klaro.

CLOCHARD

In Paris, on a day that stayed morning until dusk,
in a Paris like —
in a Paris which —
(save me, sacred folly of description!)
in a garden by a stone cathedral
(not built, no, rather
played upon a lute)
a *clochard*, a lay monk, a naysayer
sleeps sprawled like a knight in effigy.

If he ever owned anything, he has lost it,
and having lost it doesn't want it back.
He's still owed soldiers' pay for the conquest of Gaul —
but he's got over that, it doesn't matter.
And they never paid him in the fifteenth century
for posing as the thief on Christ's left hand —
he has forgotten all about it, he's not waiting.

He earns his red wine
by trimming the neighborhood dogs.
He sleeps with the air of an inventor of dreams,
his thick beard swarming toward the sun.

The gray chimeras (to wit, bulldogryphons,
hellephants, hippopotoads, croakodilloes, rhinocerberuses,
behemammoths, and demonopods,
that omnibestial Gothic *allegro vivace*)
unpetrify

and examine him with a curiosity
they never turn on me or you,
prudent Peter,
zealous Michael,
enterprising Eve,
Barbara, Clare.

25

— *La Pologne? La Pologne?* Tam strasznie zimno, prawda? — spytała mnie i odetchnęła z ulgą. Bo porobiło się tych krajów tyle, że najpewniejszy jest w rozmowie klimat.

— O pani — chcę jej odpowiedzieć — poeci mego kraju piszą w rękawicach. Nie twierdzę, że ich wcale nie zdejmują; jeżeli księżyc przygrzeje, to tak. W strofach złożonych z gromkich pohukiwań, bo tylko to przedziera się przez ryk wichury, śpiewają prosty byt pasterzy fok. Klasycy ryją soplem atramentu na przytupanych zaspach. Reszta, dekadenci, płaczą nad losem gwiazdkami ze śniegu. Kto chce się topić, musi mieć siekierę do zrobienia przerębli. O pani, o moja droga pani.

Tak chcę jej odpowiedzieć. Ale zapomniałam, jak będzie foka po francusku. Nie jestem pewna sopla i przerębli.

— *La Pologne? La Pologne?* Tam strasznie zimno, prawda?

— *Pas du tout* — odpowiadam lodowato.

"*La Pologne? La Pologne?* Isn't it terribly cold there?" she asked, and then sighed with relief. So many countries have been turning up lately that the safest thing to talk about is climate.

"Madame," I want to reply, "my people's poets do all their writing in mittens. I don't mean to imply that they never remove them; they do, indeed, if the moon is warm enough. In stanzas composed of raucous whooping, for only such can drown the windstorms' constant roar, they glorify the simple lives of our walrus herders. Our Classicists engrave their odes with inky icicles on trampled snowdrifts. The rest, our Decadents, bewail their fate with snowflakes instead of tears. He who wishes to drown himself must have an ax at hand to cut the ice. Oh, madame, dearest madame."

That's what I mean to say. But I've forgotten the word for walrus in French. And I'm not sure of icicle and ax.

"*La Pologne? La Pologne?* Isn't it terribly cold there?"

"*Pas du tout,*" I answer icily.

ELEGIA PODRÓŻNA

Wszystko moje, nic własnością,
nic własnością dla pamięci,
a moje, dopóki patrzę.

Ledwie wspomniane, już niepewne
boginie swoich głów.

Z miasta Samokov tylko deszcz
i nic prócz deszczu.

Paryż od Luwru do paznokcia
bielmem zachodzi.

Z bulwaru Saint-Martin zostały schodki
i wiodą do zaniku.

Nic więcej niż półtora mostu
w Leningradzie mostowym.

Biedna Uppsala
z odrobiną wielkiej katedry.

Nieszczęsny tancerz sofijski,
ciało bez twarzy.

Osobno jego twarz bez oczu,
osobno jego oczy bez źrenic,
osobno źrenice kota.

Kaukaski orzeł szybuje
nad rekonstrukcją wąwozu,
złoto słońca nieszczere
i fałszywe kamienie.

TRAVEL ELEGY

Everything's mine but just on loan,
nothing for the memory to hold,
though mine as long as I look.

Memories come to mind like excavated statues
that have misplaced their heads.

From the town of Samokov, only rain
and more rain.

Paris from Louvre to fingernail
grows web-eyed by the moment.

Boulevard Saint-Martin: some stairs
leading into a fadeout.

Only a bridge and a half
from Leningrad of the bridges.

Poor Uppsala, reduced to a splinter
of its mighty cathedral.

Sofia's hapless dancer,
a form without a face.

Then separately, his face without eyes;
separately again, eyes with no pupils,
and, finally, the pupils of a cat.

A Caucasian eagle soars
above a reproduction of a canyon,
the fool's gold of the sun,
the phony stones.

Wszystko moje, nic własnością,
nic własnością dla pamięci,
a moje, dopóki patrzę.

Nieprzebrane, nieobjęte,
a poszczególne aż do włókna,
ziarnka piasku, kropli wody
— krajobrazy.

Nie uchowam ani źdźbła
w jego pełnej widzialności.

Powitanie z pożegnaniem
w jednym spojrzeniu.

Dla nadmiaru i dla braku
jeden ruch szyi.

Everything's mine but just on loan,
nothing for the memory to hold,
though mine as long as I look.

Inexhaustible, unembraceable,
but particular to the smallest fiber,
grain of sand, drop of water —
landscapes.

I won't retain one blade of grass
as it's truly seen.

Salutation and farewell
in a single glance.

For surplus and absence alike,
a single motion of the neck.

NIESPODZIANE SPOTKANIE

Jesteśmy bardzo uprzejmi dla siebie,
twierdzimy, że to miło spotkać się po latach.

Nasze tygrysy piją mleko.
Nasze jastrzębie chodzą pieszo.
Nasze rekiny toną w wodzie.
Nasze wilki ziewają przed otwartą klatką.

Nasze żmije otrząsnęły się z błyskawic,
małpy z natchnień, pawie z piór.
Nietoperze jakże dawno uleciały z naszych włosów.

Milkniemy w połowie zdania
bez ratunku uśmiechnięci.
Nasi ludzie
nie umieją mówić z sobą.

AN UNEXPECTED MEETING

We treat each other with exceeding courtesy;
we say, it's great to see you after all these years.

Our tigers drink milk.
Our hawks tread the ground.
Our sharks have all drowned.
Our wolves yawn beyond the open cage.

Our snakes have shed their lightning,
our apes their flights of fancy,
our peacocks have renounced their plumes.
The bats flew out of our hair long ago.

We fall silent in mid-sentence,
all smiles, past help.
Our humans
don't know how to talk to one another.

3 — Wisława Szymborska

KOBIETY RUBENSA

Waligórzanki, żeńska fauna,
jak łoskot beczek nagie.
Gnieżdżą się w stratowanych łożach,
śpią z otwartymi do piania ustami.
Źrenice ich uciekły w głąb
i penetrują do wnętrza gruczołów,
z których się drożdże sączą w krew.

Córy baroku. Tyje ciasto w dzieży,
parują łaźnie, rumienią się wina,
cwałują niebem prosięta obłoków,
rżą trąby na fizyczny alarm.

O rozdynione, o nadmierne
i podwojone odrzuceniem szaty,
i potrojone gwałtownością pozy
tłuste dania miłosne!

Ich chude siostry wstały wcześniej,
zanim się rozwidniło na obrazie.
I nikt nie widział, jak gęsiego szły
po nie zamalowanej stronie płótna.

Wygnanki stylu. Żebra przeliczone,
ptasia natura stóp i dłoni.
Na sterczących łopatkach próbują ulecieć.

Trzynasty wiek dałby im złote tło.
Dwudziesty — dałby ekran srebrny.
Ten siedemnasty nic dla płaskich nie ma.

Albowiem nawet niebo jest wypukłe,
wypukli aniołowie i wypukły bóg —
Febus wąsaty, który na spoconym
rumaku wjeżdża do wrzącej alkowy.

34

RUBENS' WOMEN

Titanettes, female fauna,
naked as the rumbling of barrels.
They roost in trampled beds,
asleep, with mouths agape, ready to crow.
Their pupils have fled into flesh
and sound the glandular depths
from which yeast seeps into their blood.

Daughters of the Baroque. Dough
thickens in troughs, baths steam, wines blush,
cloudy piglets careen across the sky,
triumphant trumpets neigh the carnal alarm.

O pumpkin plump! O pumped-up corpulence
inflated double by disrobing
and tripled by your tumultuous poses!
O fatty dishes of love!

Their skinny sisters woke up earlier,
before dawn broke and shone upon the painting.
And no one saw how they went single file
along the canvas's unpainted side.

Exiled by style. Only their ribs stood out.
With birdlike feet and palms, they strove
to take wing on their jutting shoulder blades.

The thirteenth century would have given them golden haloes.
The twentieth, silver screens.
The seventeenth, alas, holds nothing for the unvoluptuous.

For even the sky bulges here
with pudgy angels and a chubby god —
thick-whiskered Phoebus, on a sweaty steed,
riding straight into the seething bedchamber.

35

KOLORATURA

Stoi pod peruczką drzewa,
na wieczne rozsypanie śpiewa
zgłoski po włosku, po srebrzystym
i cienkim jak pajęcza wydzielina.

Człowieka przez wysokie C
kocha i zawsze kochać chce,
dla niego w gardle ma lusterka,
trzykrotnie słówek ćwiartki ćwierka
i drobiąc grzanki do śmietanki
karmi baranki z filiżanki
filutka z filigranu.

Ale czy dobrze słyszę? Biada!
Czarny się fagot do niej skrada.
Ciężka muzyka na kruczych brwiach
porywa, łamie ją wpół ach —
Basso Profondo, zmiłuj się,
doremi mane thekel fares!

Chcesz, żeby zmilkła? Uwieść ją
w zimne kulisy świata? W krainę
chronicznej chrypki? W Tartar kataru?
Gdzie wiekuiste pochrząkiwanie?
Gdzie poruszają się pyszczki rybie
dusz nieszczęśliwych? Tam?

O nie! O nie! W godzinie złej
nie trzeba spadać z miny swej!
Na włosie przesłyszanym w głos
tylko się chwilkę chwieje los,
tyle, by mogła oddech wziąć

COLORATURA

Poised beneath a twig-wigged tree,
she spills her sparkling vocal powder:
slippery sound slivers, silvery
like spider's spittle, only louder.

Oh yes, she Cares (with a high C)
for Fellow Humans (you and me);
for us she'll twitter nothing bitter;
she'll knit her fitter, sweeter glitter;
her vocal chords mince words for us
and crumble croutons, with crisp crunch
(lunch for her little lambs to munch)
into a cream-filled demitasse.

But hark! It's dark! Oh doom too soon!
She's threatened by the black bassoon!
It's hoarse and coarse, it's grim and gruff,
it calls her dainty voice's bluff —
Basso Profondo, end this terror,
do-re-mi mene tekel et cetera!

You want to silence her, abduct her
to our chilly life behind the scenes?
To our Siberian steppes of stopped-up sinuses,
frogs in all throats, eternal hems and haws,
where we, poor souls, gape soundlessly
like fish? And this is what you wish?

Oh nay! Oh nay! Though doom be nigh,
she'll keep her chin and pitch up high!
Her fate is hanging by a hair
of voice so thin it sounds like *air*,
but that's enough for her to take
a breath and soar, without a break,

i echem się pod sufit wspiąć,
gdzie wraca w kryształ vox humana
i brzmi jak światłem zasiał.

chandelierward; and while she's there,
her vox humana crystal-clears
the whole world up. And we're all ears.

KONKURS PIĘKNOŚCI MĘSKIEJ

Od szczęk do pięty wszedł napięty.
Oliwne na nim firmamenty.
Ten tylko może być wybrany,
kto jest jak strucla zasupłany.

Z niedźwiedziem bierze się za bary
groźnym (chociaż go wcale nie ma).
Trzy niewidzialne jaguary
padają pod ciosami trzema.

Rozkroku mistrz i przykucania.
Brzuch ma w dwudziestu pięciu minach.
Biją mu brawo, on się kłania
na odpowiednich witaminach.

BODYBUILDERS' CONTEST

From scalp to sole, all muscles in slow motion.
The ocean of his torso drips with lotion.
The king of all is he who preens and wrestles
with sinews twisted into monstrous pretzels.

Onstage, he grapples with a grizzly bear
the deadlier for not really being there.
Three unseen panthers are in turn laid low,
each with one smoothly choreographed blow.

He grunts while showing his poses and paces.
His back alone has twenty different faces.
The mammoth fist he raises as he wins
is tribute to the force of vitamins.

41

WIECZÓR AUTORSKI

Muzo, nie być bokserem to jest nie być wcale.
Ryczącej publiczności poskąpiłaś nam.
Dwanaście osób jest na sali,
już czas, żebyśmy zaczynali.
Połowa przyszła, bo deszcz pada,
reszta to krewni. Muzo.

Kobiety rade zemdleć w ten jesienny wieczór,
zrobią to, ale tylko na bokserskim meczu.
Dantejskie sceny tylko tam.
I wniebobranie. Muzo.

Nie być bokserem, być poetą,
mieć wyrok skazujący na ciężkie norwidy,
z braku muskulatury demonstrować światu
przyszłą lekturę szkolną — w najszczęśliwszym razie —
o Muzo. O Pegazie,
aniele koński.

W pierwszym rządku staruszek słodko sobie śni,
że mu żona nieboszczka z grobu wstała i
upiecze staruszkowi placek ze śliwkami.
Z ogniem, ale niewielkim, bo placek się spali,
zaczynamy czytanie. Muzo.

To be a boxer, or not to be there
at all. O Muse, where are *our* teeming crowds?
Twelve people in the room, eight seats to spare —
it's time to start this cultural affair.
Half came inside because it started raining,
the rest are relatives. O Muse.

The women here would love to rant and rave,
but that's for boxing. Here they must behave.
Dante's Inferno is ringside nowadays.
Likewise his Paradise. O Muse.

Oh, not to be a boxer but a poet,
one sentenced to hard shelleying for life,
for lack of muscles forced to show the world
the sonnet that may make the highschool reading lists
with luck. O Muse,
O bobtailed angel, Pegasus.

In the first row, a sweet old man's soft snore:
he dreams his wife's alive again. What's more,
she's making him that tart she used to bake.
Aflame, but carefully — don't burn his cake! —
we start to read. O Muse.

NAGROBEK

Tu leży staroświecka jak przecinek
autorka paru wierszy. Wieczny odpoczynek
raczyła dać jej ziemia, pomimo że trup
nie należał do żadnej z literackich grup.
Ale też nic lepszego nie ma na mogile
oprócz tej rymowanki, łopianu i sowy.
Przechodniu, wyjmij z teczki mózg elektronowy
i nad losem Szymborskiej podumaj przez chwilę.

EPITAPH

Here lies, oldfashioned as parentheses,
the authoress of verse. Eternal rest
was granted her by earth, although the corpse
had failed to join the avant-garde, of course.
The plain grave? There's poetic justice in it,
this ditty-dirge, the owl, the meek cornflower.
Passerby, take your PC out, press "POWER",
think on Szymborska's fate for half a minute.

— *Która godzina?* — Tak, jestem szczęśliwa,
i brak mi tylko dzwoneczka u szyi,
który by brzęczał nad tobą, gdy śpisz.
— *Więc nie słyszałaś burzy? Murem targnął wiatr,
wieża ziewnęła jak lew, wielką bramą
na skrzypiących zawiasach.* — Jak to, zapomniałeś?
Miałam na sobie zwykłą szarą suknię
spinaną na ramieniu. — *I natychmiast potem
niebo pękło w stubłysku.* — Jakże mogłam wejść,
przecież nie byłeś sam. — *Ujrzałem nagle
kolory sprzed istnienia wzroku.* — Szkoda,
że nie możesz mi przyrzec. — *Masz słuszność,
widocznie to był sen.* — Dlaczego kłamiesz,
dlaczego mówisz do mnie jej imieniem,
kochasz ją jeszcze? — *O tak, chciałbym,
żebyś została ze mną.* — Nie mam żalu,
powinnam była domyślić się tego.
— *Wciąż myślisz o nim?* — Ależ ja nie płaczę.
— *I to już wszystko?* — Nikogo jak ciebie.
— *Przynajmniej jesteś szczera.* — Bądź spokojny,
wyjadę z tego miasta. — *Bądź spokojna,
odejdę stąd.* — Masz takie piękne ręce.
— *To stare dzieje, ostrze przeszło
nie naruszając kości.* — Nie ma za co,
mój drogi, nie ma za co. — *Nie wiem
i nie chcę wiedzieć, która to godzina.*

THE TOWER OF BABEL

"What time is it?" "Oh yes, I'm so happy;
all I need is a little bell round my neck
to jingle over you while you're asleep."
*"Didn't you hear the storm? The north wind shook
the walls; the tower gate, like a lion's maw,
yawned on its creaking hinges."* "How could you
forget? I had on that plain gray dress
that fastens on the shoulder." *"At that moment,
myriad explosions shook the sky."* "How could I
come in? You weren't alone, after all." *"I glimpsed
colors older than sight itself."* "Too bad
you can't promise me." *"You're right, it must have been
a dream."* "Why all these lies; why do you call me
by her name; do you still love her?" *"Of course,
I want you to stay with me."* "I can't
complain. I should have guessed myself."
"Do you still think about him?" "But I'm not crying."
"That's all there is?" "No one but you."
"At least you're honest." "Don't worry,
I'm leaving town." *"Don't worry,
I'm going."* "You have such beautiful hands."
*"That's ancient history; the blade went through,
but missed the bone."* "Never mind, darling,
never mind." *"I don't know
what time it is, and I don't care."*

WODA

Kropla deszczu mi spadła na rękę,
utoczona z Gangesu i Nilu,

z wniebowziętego szronu na wąsikach foki,
z wody rozbitych dzbanów w miastach Ys i Tyr.

Na moim wskazującym palcu
Morze Kaspijskie jest morzem otwartym,

a Pacyfik potulnie wpływa do Rudawy
tej samej, co fruwała chmurką nad Paryżem

w roku siedemset sześćdziesiątym czwartym
siódmego maja o trzeciej nad ranem.

Nie starczy ust do wymówienia
przelotnych imion twoich, wodo.

Musiałabym cię nazwać we wszystkich językach
wypowiadając naraz wszystkie samogłoski

i jednocześnie milczeć — dla jeziora,
które nie doczekało jakiejkolwiek nazwy

i nie ma go na ziemi — jako i na niebie
gwiazdy odbitej w nim.

Ktoś tonął, ktoś o ciebie wołał umierając.
Było to dawno i było to wczoraj.

Domy gasiłaś, domy porywałaś
jak drzewa, lasy jak miasta.

Byłaś w chrzcielnicach i wannach kurtyzan.
W pocałunkach, całunach.

WATER

A drop of water fell on my hand,
drawn from the Ganges and the Nile,

from hoarfrost ascended to heaven off a seal's whiskers,
from jugs broken in the cities of Ys and Tyre.

On my index finger
the Caspian Sea isn't landlocked,

and the Pacific is the Rudawa's meek tributary,
the same stream that floated in a little cloud over Paris

in the year seven hundred and sixty-four
on the seventh of May at three a. m.

There are not enough mouths to utter
all your fleeting names, O water.

I would have to name you in every tongue,
pronouncing all the vowels at once

while also keeping silent — for the sake of the lake
that still goes unnamed

and doesn't exist on this earth, just as the star
reflected in it is not in the sky.

Someone was drowning, someone dying was
calling out for you. Long ago, yesterday.

You have saved houses from fire, you have carried off
houses and trees, forests and towns alike.

You've been in christening fonts and courtesans' baths.
In coffins and kisses.

49

Gryząc kamienie, karmiąc tęcze.
W pocie i rosie piramid, bzów.

Jakie to lekkie w kropli deszczu.
Jak delikatnie dotyka mnie świat.

Cokolwiek kiedykolwiek gdziekolwiek się działo,
spisane jest na wodzie babel.

Gnawing at stone, feeding rainbows.
In the sweat and the dew of pyramids and lilacs.

How light the raindrop's contents are.
How gently the world touches me.

Whenever wherever whatever has happened
is written on waters of Babel.

W RZECE HERAKLITA

W rzece Heraklita
ryba łowi ryby,
ryba ćwiartuje rybę ostrą rybą,
ryba buduje rybę, ryba mieszka w rybie,
ryba ucieka z oblężonej ryby.

W rzece Heraklita
ryba kocha rybę,
twoje oczy — powiada — lśnią jak ryby w niebie,
chcę płynąć razem z tobą do wspólnego morza,
o najpiękniejsza z ławicy.

W rzece Heraklita
ryba wymyśliła rybę nad rybami,
ryba klęka przed rybą, ryba śpiewa rybie,
prosi rybę o lżejsze pływanie.

W rzece Heraklita
ja ryba pojedyncza, ja ryba odrębna
(choćby od ryby drzewa i ryby kamienia)
pisuję w poszczególnych chwilach małe ryby
w łusce srebrnej tak krótko,
że może to ciemność w zakłopotaniu mruga?

IN HERACLITUS' RIVER

In Heraclitus' river
a fish is busy fishing,
a fish guts a fish with a sharp fish,
a fish builds a fish, a fish lives in a fish,
a fish escapes from a fish under siege.

In Heraclitus' river
a fish loves a fish,
your eyes, it says, glow like the fishes in the sky,
I would swim at your side to the sea we will share,
oh fairest of the shoal.

In Heraclitus' river
a fish has imagined the fish of all fish,
a fish kneels to the fish, a fish sings to the fish,
a fish begs the fish to ease its fishy lot.

In Heraclitus' river
I, the solitary fish, a fish apart
(apart at least from the tree fish and the stone fish),
write, at isolated moments, a tiny fish or two
whose glittering scales, so fleeting,
may only be the dark's embarrassed wink.

ROZMOWA Z KAMIENIEM

Pukam do drzwi kamienia.
— To ja, wpuść mnie.
Chcę wejść do twego wnętrza,
rozejrzeć się dokoła,
nabrać ciebie jak tchu.

— Odejdź — mówi kamień. —
Jestem szczelnie zamknięty.
Nawet rozbite na części
będziemy szczelnie zamknięte.
Nawet starte na piasek
nie wpuścimy nikogo.

Pukam do drzwi kamienia.
— To ja, wpuść mnie.
Przychodzę z ciekawości czystej.
Życie jest dla niej jedyną okazją.
Zamierzam przejść się po twoim pałacu,
a potem jeszcze zwiedzić liść i kroplę wody.
Niewiele czasu na to wszystko mam.
Moja śmiertelność powinna cię wzruszyć.

— Jestem z kamienia — mówi kamień —
i z konieczności muszę zachować powagę.
Odejdź stąd.
Nie mam mięśni śmiechu.

Pukam do drzwi kamienia.
— To ja, wpuść mnie.
Słyszałam, że są w tobie wielkie puste sale,
nie oglądane, piękne nadaremnie,
głuche, bez echa czyichkolwiek kroków.
Przyznaj, że sam niedużo o tym wiesz.

CONVERSATION WITH A STONE

I knock at the stone's front door.
"It's only me, let me come in.
I want to enter your insides,
have a look round,
breathe my fill of you."

"Go away," says the stone.
"I'm shut tight.
Even if you break me to pieces,
we'll all still be closed.
You can grind us to sand,
we still won't let you in."

I knock at the stone's front door.
"It's only me, let me come in.
I've come out of pure curiosity.
Only life can quench it.
I mean to stroll through your palace,
then go calling on a leaf, a drop of water.
I don't have much time.
My mortality should touch you."

"I'm made of stone," says the stone,
"and must therefore keep a straight face.
Go away.
I don't have the muscles to laugh."

I knock at the stone's front door.
"It's only me, let me come in.
I hear you have great empty halls inside you,
unseen, their beauty in vain,
soundless, not echoing anyone's steps.
Admit you don't know them well yourself."

55

— Wielkie i puste sale — mówi kamień —
ale w nich miejsca nie ma.
Piękne, być może, ale poza gustem
twoich ubogich zmysłów.
Możesz mnie poznać, nie zaznasz mnie nigdy.
Całą powierzchnią zwracam się ku tobie,
a całym wnętrzem leżę odwrócony.

Pukam do drzwi kamienia.
— To ja, wpuść mnie.
Nie szukam w tobie przytułku na wieczność.
Nie jestem nieszczęśliwa.
Nie jestem bezdomna.
Mój świat jest wart powrotu.
Wejdę i wyjdę z pustymi rękami.
A na dowód, że byłam prawdziwie obecna,
nie przedstawię niczego prócz słów,
którym nikt nie da wiary.

— Nie wejdziesz — mówi kamień. —
Brak ci zmysłu udziału.
Żaden zmysł nie zastąpi ci zmysłu udziału.
Nawet wzrok wyostrzony aż do wszechwidzenia
nie przyda ci się na nic bez zmysłu udziału.
Nie wejdziesz, masz zaledwie zamysł tego zmysłu,
ledwie jego zawiązek, wyobraźnię.

Pukam do drzwi kamienia.
— To ja, wpuść mnie.
Nie mogę czekać dwóch tysięcy wieków
na wejście pod twój dach.

— Jeżeli mi nie wierzysz — mówi kamień —
zwróć się do liścia, powie to, co ja.
Do kropli wody, powie to, co liść.
Na koniec spytaj włosa z własnej głowy.
Śmiech mnie rozpiera, śmiech, olbrzymi śmiech,
którym śmiać się nie umiem.

Pukam do drzwi kamienia.
— To ja, wpuść mnie.

— Nie mam drzwi — mówi kamień.

56

"Great and empty, true enough," says the stone,
"but there isn't any room.
Beautiful, perhaps, but not to the taste
of your poor senses.
You may get to know me, but you'll never know me through.
My whole surface is turned toward you,
all my insides turned away."

I knock at the stone's front door.
"It's only me, let me come in.
I don't seek refuge for eternity.
I'm not unhappy.
I'm not homeless.
My world is worth returning to.
I'll enter and exit empty-handed.
And my proof I was there
will be only words,
which no one will believe."

"You shall not enter," says the stone.
"You lack the sense of taking part.
No other sense can make up for your missing sense of taking part.
Even sight heightened to become all-seeing
will do you no good without a sense of taking part.
You shall not enter, you have only a sense of what that sense should be,
only its seed, imagination."

I knock at the stone's front door.
"It's only me, let me come in.
I haven't got two thousand centuries,
so let me come under your roof."

"If you don't believe me," says the stone,
"just ask the leaf, it will tell you the same.
Ask a drop of water, it will say what the leaf has said.
And, finally, ask a hair from your own head.
I am bursting with laughter, yes, laughter, vast laughter,
although I don't know how to laugh."

I knock at the stone's front door.
"It's only me, let me come in."

"I don't have a door," says the stone.

STO POCIECH

NO END OF FUN

(1967)

RADOŚĆ PISANIA

Dokąd biegnie ta napisana sarna przez napisany las?
Czy z napisanej wody pić,
która jej pyszczek odbije jak kalka?
Dlaczego łeb podnosi, czy coś słyszy?
Na pożyczonych z prawdy czterech nóżkach wsparta
spod moich palców uchem strzyże.
Cisza — ten wyraz też szeleści po papierze
i rozgarnia
spowodowane słowem „las" gałęzie.

Nad białą kartką czają się do skoku
litery, które mogą ułożyć się źle,
zdania osaczające,
przed którymi nie będzie ratunku.

Jest w kropli atramentu spory zapas
myśliwych z przymrużonym okiem,
gotowych zbiec po stromym piórze w dół,
otoczyć sarnę, złożyć się do strzału.

Zapominają, że tu nie jest życie.
Inne, czarno na białym, panują tu prawa.
Okamgnienie trwać będzie tak długo, jak zechcę,
pozwoli się podzielić na małe wieczności
pełne wstrzymanych w locie kul.
Na zawsze, jeśli każę, nic się tu nie stanie.
Bez mojej woli nawet liść nie spadnie
ani źdźbło się nie ugnie pod kropką kopytka.

Jest więc taki świat,
nad którym los sprawuję niezależny?
Czas, który wiążę łańcuchami znaków?
Istnienie na mój rozkaz nieustanne?

60

Why does this written doe bound through these written woods?
For a drink of written water from a spring
whose surface will xerox her soft muzzle?
Why does she lift her head; does she hear something?
Perched on four slim legs borrowed from the truth,
she pricks up her ears beneath my fingertips.
Silence — this word also rustles across the page
and parts the boughs
that have sprouted from the word "woods."

Lying in wait, set to pounce on the blank page,
are letters up to no good,
clutches of clauses so subordinate
they'll never let her get away.

Each drop of ink contains a fair supply
of hunters, equipped with squinting eyes behind their sights,
prepared to swarm the sloping pen at any moment,
surround the doe, and slowly aim their guns.

They forget that what's here isn't life.
Other laws, black on white, obtain.
The twinkling of an eye will take as long as I say,
and will, if I wish, divide into tiny eternities,
full of bullets stopped in mid-flight.
Not a thing will ever happen unless I say so.
Without my blessing, not a leaf will fall,
not a blade of grass will bend beneath that little hoof's full stop.

Is there then a world
where I rule absolutely on fate?
A time I bind with chains of signs?
An existence become endless at my bidding?

Radość pisania.
Możność utrwalania.
Zemsta ręki śmiertelnej.

The joy of writing.
The power of preserving.
Revenge of a mortal hand.

PEJZAŻ

W pejzażu starego mistrza
drzewa mają korzenie pod olejną farbą,
ścieżka na pewno prowadzi do celu,
sygnaturę z powagą zastępuje źdźbło,
jest wiarygodna piąta po południu,
maj delikatnie, ale stanowczo wstrzymany,
więc i ja przystanęłam — ależ tak, drogi mój,
to ja jestem ta niewiasta pod jesionem.

Przyjrzyj się, jak daleko odeszłam od ciebie,
jaki mam biały czepek i żółtą spódnicę,
jak mocno trzymam koszyk, żeby nie wypaść z obrazu,
jak paraduję sobie w cudzym losie
i odpoczywam od żywych tajemnic.

Choćbyś zawołał, nie usłyszę,
a choćbym usłyszała, nie odwrócę się,
a choćbym i zrobiła ten niemożliwy ruch,
twoja twarz wyda mi się obca.

Znam świat w promieniu sześciu mil.
Znam zioła i zaklęcia na wszystkie boleści.
Bóg jeszcze patrzy w czubek mojej głowy.
Modlę się jeszcze o nienagłą śmierć.

Wojna jest karą, a pokój nagrodą.
Zawstydzające sny pochodzą od szatana.
Mam oczywistą duszę jak śliwka ma pestkę.

Nie znam zabawy w serce.
Nie znam nagości ojca moich dzieci.
Nie podejrzewam Pieśni nad pieśniami
o pokreślony zawiły brudnopis.
To, co pragnę powiedzieć, jest w gotowych zdaniach.

LANDSCAPE

In the old master's landscape,
the trees have roots beneath the oil paint,
the path undoubtedly reaches its goal,
the signature is replaced by a stately blade of grass,
it's a persuasive five in the afternoon,
May has been gently, yet firmly, detained,
so I've lingered, too. Why, of course, my dear,
I am the woman there, under the ash tree.

Just see how far behind I've left you,
see the white bonnet and the yellow skirt I wear,
see how I grip my basket so as not to slip out of the painting,
how I strut within another's fate
and rest awhile from living mysteries.

Even if you called I wouldn't hear you,
and even if I heard I wouldn't turn,
and even if I made that impossible gesture
your face would seem a stranger's face to me.

I know the world six miles around.
I know the herbs and spells for every pain.
God still looks down on the crown of my head.
I still pray I won't die suddenly.

War is punishment and peace is a reward.
Shameful dreams all come from Satan.
My soul is as plain as the stone of a plum.

I don't know the games of the heart.
I've never seen my children's father naked.
I don't see the crabbed and blotted draft
that hides behind the Song of Songs.
What I want to say comes in ready-made phrases.

65

Nie używam rozpaczy, bo to rzecz nie moja,
a tylko powierzona mi na przechowanie.

Choćbyś zabiegł mi drogę,
choćbyś zajrzał w oczy,
minę cię samym skrajem przepaści cieńszej niż włos.

Na prawo jest mój dom, który znam dookoła
razem z jego schodkami i wejściem do środka,
gdzie dzieją się historie nie namalowane:
kot skacze na ławę,
słońce pada na cynowy dzban,
za stołem siedzi kościsty mężczyzna
i reperuje zegar.

I never use despair, since it isn't really mine,
only given to me for safekeeping.

Even if you bar my way,
even if you stare me in the face,
I'll pass you by on the chasm's edge, finer than a hair.

On the right is my house. I know it from all sides,
along with its steps and its entry way,
behind which life goes on unpainted.
The cat hops on a bench,
the sun gleams on a pewter jug,
a bony man sits at the table
fixing a clock.

ALBUM

Nikt w rodzinie nie umarł z miłości.
Co tam było, to było, ale nic dla mitu.
Romeowie gruźlicy? Julie dyfterytu?
Niektórzy wręcz dożyli zgrzybiałej starości.
Żadnej ofiary braku odpowiedzi
na list pokropiony łzami!
Zawsze w końcu zjawiali się jacyś sąsiedzi
z różami i binoklami.
Żadnego zaduszenia się w stylowej szafie,
kiedy to raptem wraca mąż kochanki!
Nikomu te sznurówki, mantylki, falbanki
nie przeszkodziły wejść na fotografię.
I nigdy w duszy piekielnego Boscha!
I nigdy z pistoletem do ogrodu!
(Konali z kulą w czaszce, ale z innego powodu
i na polowych noszach.)
Nawet ta, z ekstatycznym kokiem
i oczami podkutymi jak po balu,
odpłynęła wielkim krwotokiem
nie do ciebie, danserze, i nie z żalu.
Może ktoś, dawniej, przed dagerotypem —
ale z tych, co w albumie, nikt, o ile wiem.
Rozśmieszały się smutki, leciał dzień za dniem,
a oni, pocieszeni, znikali na grypę.

FAMILY ALBUM

No one in this family has ever died of love.
No food for myth and nothing magisterial.
Consumptive Romeos? Juliets diphtherial?
A doddering second childhood was enough.
No death-defying vigils, love-struck poses
over unrequited letters strewn with tears!
Here, in conclusion, as scheduled, appears
a portly, pince-nez'd neighbor bearing roses.
No suffocation-in-the-closet gaffes
because the cuckold has got home too early!
Those frills or furbelows, however flounced and whirly,
barred no one from the family photographs.
No Bosch-like hell within their souls, no wretches
found bleeding in the garden, shirts in stains!
(True, some did die with bullets in their brains,
for other reasons, though, and on field stretchers.)
Even this belle with rapturous coiffure
who may have danced till dawn — but nothing smarter —
hemorrhaged to a better world, *bien sûr*,
but not to taunt or hurt *you*, slick-haired partner.
For others, Death was mad and monumental —
not for these citizens of a sepia past.
Their griefs turned into smiles, their days flew fast,
their vanishing was due to influenza.

DWORZEC

Nieprzyjazd mój do miasta N.
odbył się punktualnie.

Zostałeś uprzedzony
niewysłanym listem.

Zdążyłeś nie przyjść
w przewidzianej porze.

Pociąg wjechał na peron trzeci.
Wysiadło dużo ludzi.

Uchodził w tłumie do wyjścia
brak mojej osoby.

Kilka kobiet zastąpiło mnie
pośpiesznie
w tym pośpiechu.

Do jednej podbiegł
ktoś nie znany mi,
ale ona rozpoznała go
natychmiast.

Oboje wymienili
nie nasz pocałunek,
podczas czego zginęła
nie moja walizka.

Dworzec w mieście N.
dobrze zdał egzamin
z istnienia obiektywnego.

Całość stała na swoim miejscu.
Szczegóły poruszały się
po wyznaczonych torach.

THE RAILROAD STATION

My nonarrival in the city of N.
took place on the dot.

You'd been alerted
in my unmailed letter.

You were able not to be there
at the agreed-upon time.

The train pulled up at Platform 3.
A lot of people got out.

My absence joined the throng
as it made its way toward the exit.

Several women rushed
to take my place
in all that rush.

Somebody ran up to one of them.
I didn't know him,
but she recognized him
immediately.

While they kissed
with not our lips,
a suitcase disappeared,
not mine.

The railroad station in the city of N.
passed its exam
in objective existence
with flying colors.

The whole remained in place.
Particulars scurried
along the designated tracks.

Odbyło się nawet
umówione spotkanie.

Poza zasięgiem
naszej obecności.

W raju utraconym
prawdopodobieństwa.

Gdzie indziej.
Gdzie indziej.
Jak te słówka dźwięczą.

Even a rendezvous
took place as planned.

Beyond the reach
of our presence.

In the paradise lost
of probability.

Somewhere else.
Somewhere else.
How these little words ring.

URODZONY

Więc to jest jego matka.
Ta mała kobieta.
Szarooka sprawczyni.

Łódka, w której przed laty
przypłynął do brzegu.

To z niej się wydobywał
na świat,
na niewieczność.

Rodzicielka mężczyzny,
z którym skaczę przez ogień.

Więc to ona, ta jedyna,
co go sobie nie wybrała
gotowego, zupełnego.

Sama go pochwyciła
w znajomą mi skórę,
przywiązała do kości
ukrytych przede mną.

Sama mu wypatrzyła
jego szare oczy,
jakimi spojrzał na mnie.

Więc to ona, alfa jego.
Dlaczego mi ją pokazał.

Urodzony.
Więc jednak i on urodzony.
Urodzony jak wszyscy.
Jak ja, która umrę.

74

BORN

So this is his mother.
This small woman.
The gray-eyed procreator.

The boat in which, years ago,
he sailed to shore.

The boat from which he stepped
into the world,
into un-eternity.

Genetrix of the man
with whom I leap through fire.

So this is she, the only one
who didn't take him
finished and complete.

She herself pulled him
into the skin I know,
bound him to the bones
that are hidden from me.

She herself raised
the gray eyes
that he raised to me.

So this is she, his Alpha.
Why has he shown her to me.

Born.
So he was born, too.
Born like everyone else.
Like me, who will die.

75

Syn prawdziwej kobiety.
Przybysz z głębin ciała.
Wędrowiec do omegi.

Narażony
na nieobecność swoją
zewsząd,
w każdej chwili.

A jego głowa
to jest głowa w mur
ustępliwy do czasu.

A jego ruchy
to są uchylenia
od powszechnego wyroku.

Zrozumiałam,
że uszedł już połowę drogi.

Ale mi tego nie powiedział,
nie.

— To moja matka —
powiedział mi tylko.

The son of an actual woman.
A new arrival from the body's depths.
A voyager to Omega.

Subject to
his own absence,
on every front,
at any moment.

He hits his head
against a wall
that won't give way forever.

His movements
dodge and parry
the universal verdict.

I realized
that his journey was already halfway over.

But he didn't tell me that,
no.

"This is my mother,"
was all he said.

SPIS LUDNOŚCI

Na wzgórzu, gdzie stała Troja,
odkopano siedem miast.
Siedem miast. O sześć za dużo
jak na jedną epopeję.
Co z nimi zrobić, co zrobić?
Pękają heksametry,
afabularna cegła wyziera ze szczelin,
w ciszy filmu niemego obalone mury,
zwęglone belki, zerwane ogniwa,
dzbanki wypite do utraty dna,
amulety płodności, pestki sadów
i czaszki dotykalne jak jutrzejszy księżyc.

Przybywa nam dawności,
robi się w niej tłoczno,
rozpychają się w dziejach dzicy lokatorzy,
zastępy mięsa mieczowego,
reszki orła-Hektora dorównujące mu męstwem,
tysiące i tysiące poszczególnych twarzy,
a każda pierwsza i ostatnia w czasie,
a w każdej dwoje niebywałych oczu.
Tak lekko było nic o tym nie wiedzieć,
tak rzewnie, tak przestronnie.

Co z nimi robić, co im dać?
Jakiś wiek mało zaludniony do tej pory?
Trochę uznania dla sztuki złotniczej?
Za późno przecież na sąd ostateczny.
My, trzy miliardy sędziów,
mamy swoje sprawy,
własne nieartykułowane rojowiska,
dworce, trybuny sportowe, pochody,
liczebne zagranice ulic, pięter, ścian.
Mijamy się na wieczność w domach towarowych
kupując nowy dzbanek.
Homer pracuje w biurze statystycznym.
Nikt nie wie, co robi w domu.

CENSUS

On the hill where Troy once stood,
they've dug up seven cities.
Seven cities. Six too many
for a single epic.
What's to be done with them? What?
Hexameters burst,
nonfictional bricks appear between the cracks,
ruined walls rise mutely as in silent films,
charred beams, broken chains,
bottomless pitchers drained dry,
fertility charms, olive pits
and skulls as palpable as tomorrow's moon.

Our stockpile of antiquity grows constantly,
it's overflowing,
reckless squatters jostle for a place in history,
hordes of sword fodder,
Hector's nameless extras, no less brave than he,
thousands upon thousands of singular faces,
each the first and last for all time,
in each a pair of inimitable eyes.
How easy it was to live not knowing this,
so sentimental, so spacious.

What should we give them? What do they need?
Some more or less unpeopled century?
Some small appreciation for their goldsmiths' art?
We three billion judges
have problems of our own,
our own inarticulate rabble,
railroad stations, bleachers, protests and processions,
vast numbers of remote streets, floors, and walls.
We pass each other once for all time in department stores
shopping for a new pitcher.
Homer is working in the census bureau.
No one knows what he does in his spare time.

79

MONOLOG DLA KASANDRY

To ja, Kasandra.
A to jest moje miasto pod popiołem.
A to jest moja laska i wstążki prorockie.
A to jest moja głowa pełna wątpliwości.

To prawda, tryumfuję.
Moja racja aż łuną uderzyła w niebo.
Tylko prorocy, którym się nie wierzy,
mają takie widoki.
Tylko ci, którzy źle zabrali się do rzeczy,
i wszystko mogło spełnić się tak szybko,
jakby nie było ich wcale.

Wyraźnie teraz przypominam sobie,
jak ludzie, widząc mnie, milkli w pół słowa.
Rwał się śmiech.
Rozplatały się ręce.
Dzieci biegły do matki.
Nawet nie znałam ich nietrwałych imion.
A ta piosenka o zielonym listku —
nikt jej nie kończył przy mnie.

Kochałam ich.
Ale kochałam z wysoka.
Sponad życia.
Z przyszłości. Gdzie zawsze jest pusto
i skąd cóż łatwiejszego jak zobaczyć śmierć.
Żałuję, że mój głos był twardy.
Spójrzcie na siebie z gwiazd — wołałam —
spójrzcie na siebie z gwiazd.
Słyszeli i spuszczali oczy.

Żyli w życiu.
Podszyci wielkim wiatrem.
Przesądzeni.

SOLILOQUY FOR CASSANDRA

Here I am, Cassandra.
And this is my city under ashes.
And these are my prophet's staff and ribbons.
And this is my head full of doubts.

It's true, I am triumphant.
My prophetic words burn like fire in the sky.
Only unacknowledged prophets
are privy to such prospects.
Only those who got off on the wrong foot,
whose predictions turned to fact so quickly —
it's as if they'd never lived.

I remember it so clearly —
how people, seeing me, would break off in mid-word.
Laughter died.
Lovers' hands unclasped.
Children ran to their mothers.
I didn't even know their short-lived names.
And that song about a little green leaf —
no one ever finished it near me.

I loved them.
But I loved them haughtily.
From heights beyond life.
From the future. Where it's always empty
and nothing is easier than seeing death.
I'm sorry that my voice was hard.
Look down on yourselves from the stars, I cried,
look down on yourselves from the stars.
They heard me and lowered their eyes.

They lived within life.
Pierced by that great wind.
Condemned.

81

6 — Wisława Szymborska

Od urodzenia w pożegnalnych ciałach.
Ale była w nich jakaś wilgotna nadzieja,
własną migotliwością sycący się płomyk.
Oni wiedzieli, co to takiego jest chwila,
och bodaj jedna jakakolwiek
zanim —

Wyszło na moje.
Tylko że z tego nie wynika nic.
A to jest moja szatka ogniem osmalona.
A to są moje prorockie rupiecie.
A to jest moja wykrzywiona twarz.
Twarz, która nie wiedziała, że mogła być piękna.

Trapped from birth in departing bodies.
But in them they bore a moist hope,
a flame fuelled by its own flickering.
They really knew what a moment means,
oh any moment, any one at all
before —

It turns out I was right.
But nothing has come of it.
And this is my robe, slightly singed.
And this is my prophet's junk.
And this is my twisted face.
A face that didn't know it could be beautiful.

MOZAIKA BIZANTYJSKA

— Małżonko Teotropio.

— Małżonku Teodendronie.

— O jakżeś piękna, wąskolica moja.

— O jakżeś urodziwy, sinousty mój.

— Wdzięcznieś znikoma
pod szatą jak dzwon,
którą zdejmować
hałas na całe cesarstwo.

— Wybornieś umartwiony,
mężu mój i panie,
wzajemny cieniu cienia mego.

— Upodobałem sobie
w dłoniach pani mej,
jako w suchych palemkach
do opończy wpiętych.

— Aliści wznieść bym je chciała do nieba
i błagać dla synaczka naszego litości,
iż nie jest jako my, Teodendronie.

— Wszelki duch, Teotropio.
Jakiż by miał być
spłodzon w godziwym
dostojeństwie naszym?

— Wyznamć, a ty posłuchaj.
Grzeszniczka zrodziłam.
Naguśki jak prosiątko,

"O Theotropia, my empress consort."

"O Theodendron, my consort emperor."

"How fair thou art, my hollow-cheeked beloved."

"How fine art thou, blue-lipped spouse."

"Thou art so wondrous frail
beneath thy bell-like gown,
the alarum of which, if but removed,
would waken all my kingdom."

"How excellently mortified thou art,
my lord and master,
to mine own shadow a twinned shade."

"Oh how it pleaseth me
to see my lady's palms,
like unto palm leaves verily,
clasped to her mantle's throat."

"Wherewith, raised heavenward,
I would pray thee mercy for our son,
for he is not such as we, O Theodendron."

"Heaven forfend, O Theotropia.
Pray, what might he be,
begotten and brought forth
in godly dignity?"

"I will confess anon, and thou shalt hear me.
Not a princeling but a sinner have I borne thee.
Pink and shameless as a piglet,

a tłusty a żwawy,
cały w fałdkach, przegubkach
przytoczył się nam.

— Pyzaty-li?

— Pyzaty.

— Żarłoczny-li?

— Żarłoczny.

— Krew-li z mlekiem?

— Tyś rzekł.

— Co na to archimandryta,
mąż przenikliwej gnozy?
Co na to eremitki,
szkielecice święte?
Jakoż im diablęcego
rozwinąć z jedwabi?

— Wszelako w bożej mocy
cud metamorfozy.
Widząc tedy szpetotę
dziecięcia onego,
nie zakrzykniesz,
a licha za wcześnie nie zbudzisz?

— Bliźniętamiśmy w zgrozie.
Prowadź, Teotropio.

plump and merry, verily,
all chubby wrists and ringlets came he
rolling unto us."

"He is roly-poly?"

"That he is."

"He is voracious?"

"Yea, in truth."

"His skin is milk and roses?"

"As thou sayest."

"What, pray, does our archimandrite say,
a man of most penetrating gnosis?
What say our consecrated eremites,
most holy skeletesses?
How should they strip the fiendish infant
of his swaddling silks?"

"Metamorphosis miraculous
still lies within our Savior's power.
Yet thou, on spying
the babe's unsightliness,
shalt not cry out
and rouse the sleeping demon from his rest?"

"I am thy twin in horror.
Lead on, Theotropia."

ŚCIĘCIE

Dekolt pochodzi od decollo,
decollo znaczy ścinam szyję.
Królowa Szkocka Maria Stuart
przyszła na szafot w stosownej koszuli,
koszula była wydekoltowana
i czerwona jak krwotok.

W tym samym czasie
w odludnej komnacie
Elżbieta Tudor Królowa Angielska
stała przy oknie w sukni białej.
Suknia była zwycięsko zapięta pod brodę
i zakończona krochmaloną kryzą.

Myślały chórem:
„Boże, zmiłuj się nade mną"
„Słuszność po mojej stronie"
„Żyć czyli zawadzać"
„W pewnych okolicznościach sowa jest córką piekarza"
„To się nigdy nie skończy"
„To się już skończyło"
„Co ja tu robię, tu gdzie nie ma nic".

Różnica stroju — tak, tej bądźmy pewni.
Szczegół
jest niewzruszony.

BEHEADING

Décolletage comes from *decollo*,
decollo means I cut off at the neck.
The Queen of Scots, Mary Stuart,
ascended the scaffold in an appropriate shift.
The shift was *décolleté*
and red as a hemorrhage.

At that very moment,
in a secluded chamber,
Elizabeth Tudor, Queen of England,
stood at the window in a white dress.
The dress was triumphantly fastened to the chin
and finished in a starched ruff.

They thought in unison:
"Lord, have mercy on me"
"Right is on my side"
"Living means getting in the way"
"Under certain circumstances the owl is the baker's daughter"
"This will never end"
"It is already over"
"What am I doing here, there's nothing here"

The difference in dress — yes, this we know for sure.
The detail
is unyielding.

PIETÀ

W miasteczku, gdzie urodził się bohater,
obejrzeć pomnik, pochwalić, że duży,
spłoszyć dwie kury z progu pustego muzeum,
dowiedzieć się, gdzie mieszka matka,
zapukać, pchnąć skrzypiące drzwi.
Trzyma się prosto, czesze gładko, patrzy jasno.
Powiedzieć, że się przyjechało z Polski.
Pozdrowić. Pytać głośno i wyraźnie.
Tak, bardzo go kochała. Tak, zawsze był taki.
Tak, stała wtedy pod murem więzienia.
Tak, słyszała tę salwę.
Żałować, że nie wzięło się magnetofonu
i aparatu filmowego. Tak, zna te przyrządy.
W radiu czytała jego list ostatni.
W telewizji śpiewała stare kołysanki.
Raz nawet przedstawiała w kinie, aż do łez
wpatrzona w jupitery. Tak, wzrusza ją pamięć.
Tak, trochę jest zmęczona. Tak, to przejdzie.
Wstać. Podziękować. Pożegnać się. Wyjść
mijając w sieni kolejnych turystów.

PIETÀ

In the town where the hero was born you may:
gaze at the monument, admire its size,
shoo two chickens from the empty museum's steps,
ask for his mother's address,
knock, push the creaking door open.
Her bearing is erect, her hair is straight, her gaze is clear.
You may tell her that you've just arrived from Poland.
You may bear greetings. Make your questions loud and clear.
Yes, she loved him very much. Yes, he was born that way.
Yes, she was standing by the prison wall that morning.
Yes, she heard the shots.
You may regret not having brought a camera,
a tape recorder. Yes, she has seen such things.
She read his final letter on the radio.
She sang his favorite lullabies once on TV.
And once she even acted in a movie, in tears
from the bright lights. Yes, the memory still moves her.
Yes, just a little tired now. Yes, it will pass.
You may get up. Thank her. Say goodbye. Leave,
passing by the new arrivals in the hall.

NIEWINNOŚĆ

Poczęta na materacu z ludzkich włosów.
Gerda. Eryka. Może Margareta.
Nie wie, naprawdę nie wie o tym nic.
Ten rodzaj wiadomości nie nadaje się
ani do udzielenia, ani do przyjęcia.
Greckie Erynie są zbyt sprawiedliwe.
Drażniłaby nas dzisiaj ich ptasia przesada.

Irma. Brygida. Może Fryderyka.
Ma lat dwadzieścia dwa albo niewiele więcej.
Zna trzy języki obce konieczne w podróżach.
Firma, w której pracuje, poleca na eksport
najlepsze materace tylko z włókien sztucznych.
Eksport zbliża narody.

Berta. Ulryka. Może Hildegarda.
Piękna nie, ale wysoka i szczupła.
Policzki, szyja, piersi, uda, brzuch
w pełnym właśnie rozkwicie i blasku nowości.
Radośnie bosa na plażach Europy
rozpuszcza jasne włosy, długie aż do kolan.

Nie radzę ścinać — powiedział jej fryzjer —
raz ścięte, już tak bujnie nie odrosną nigdy.
Proszę mi wierzyć.
To jest rzecz sprawdzona
tausend- und tausendmal.

INNOCENCE

Conceived on a mattress made of human hair.
Gerda. Erika. Maybe Margarete.
She doesn't know, no, not a thing about it.
This kind of knowledge isn't suited
to being passed on or absorbed.
The Greek Furies were too righteous.
Their birdy excess would rub us the wrong way.

Irma. Brigitte. Maybe Frederika.
She's twenty-two, perhaps a little older.
She knows the three languages that all travellers need.
The company she works for plans to export
the finest mattresses, synthetic fiber only.
Trade brings nations closer.

Berta. Ulrike. Maybe Hildegard.
Not beautiful perhaps, but tall and slim.
Cheeks, neck, breast, thighs, belly
in full bloom now, shiny and new.
Blissfully barefoot on Europe's beaches,
she unbraids her bright hair, right down to her knees.

My advice: don't cut it (her hairdresser says)
once you have, it'll never grow back so thick.
Trust me.
It's been proved
tausend- und tausendmal.

Ten dorosły mężczyzna. Ten człowiek na ziemi.
Dziesięć miliardów komórek nerwowych.
Pięć litrów krwi na trzysta gramów serca.
Taki przedmiot powstawał trzy miliardy lat.

Z początku zjawił się w formie chłopczyka.
Chłopczyk kładł główkę na kolanach cioci.
Gdzie jest ten chłopczyk. Gdzie są te kolana.
Chłopczyk zrobił się duży. Ach to już nie to.
Te lustra są okrutne i gładkie jak jezdnia.
Wczoraj przejechał kota. Tak, to była myśl.
Kot został wyzwolony z piekła tej epoki.
Dziewczyna w samochodzie spojrzała spod rzęs.
Nie, nie miała tych kolan, o które mu chodzi.
Właściwie to by sobie dyszał leżąc w piasku.
On i świat nic nie mają ze sobą wspólnego.
Czuje się uchem urwanym od dzbana,
choć dzban nic o tym nie wie i wciąż nosi wodę.
To jest zdumiewające. Ktoś jeszcze się trudzi.
Ten dom jest zbudowany. Ta klamka rzeźbiona.
To drzewo zaszczepione. Ten cyrk będzie grał.
Ta całość chce się trzymać, chociaż jest z kawałków.
Jak klej ciężkie i gęste sunt lacrimae rerum.
Ale to wszystko w tle i tylko obok.
W nim jest ciemność okropna, a w ciemności chłopczyk.

Boże humoru, zrób z nim coś koniecznie.
Boże humoru, zrób z nim coś nareszcie.

A FILM FROM THE SIXTIES

This adult male. This person on earth.
Ten billion nerve cells. Ten pints of blood
pumped by ten ounces of heart.
This object took three billion years to emerge.

He first took the shape of a small boy.
The boy would lean his head on his aunt's knees.
Where is that boy. Where are those knees.
The little boy got big. Those were the days.
These mirrors are cruel and smooth as asphalt.
Yesterday he ran over a cat. Yes, not a bad idea.
The cat was saved from this age's hell.
A girl in a car checked him out.
No, her knees weren't what he's looking for.
Anyway he just wants to lie in the sand and breathe.
He has nothing in common with the world.
He feels like a handle broken off a jug,
but the jug doesn't know it's broken and keeps going to the well.
It's amazing. Someone's still willing to work.
The house gets built. The doorknob has been carved.
The tree is grafted. The circus will go on.
The whole won't go to pieces, although it's made of them.
Thick and heavy as glue sunt lacrimae rerum.
But all that's only background, incidental.
Within him, there's awful darkness, in the darkness a small boy.

God of humor, do something about him, OK?
God of humor, do something about him today.

RELACJA ZE SZPITALA

Ciągnęliśmy zapałki, kto ma pójść do niego.
Wypadło na mnie. Wstałem od stolika.
Zbliżała się już pora odwiedzin w szpitalu.

Nie odpowiedział nic na powitanie.
Chciałem go wziąć za rękę — cofnął ją
jak głodny pies, co nie da kości.

Wyglądał, jakby się wstydził umierać.
Nie wiem, o czym się mówi takiemu jak on.
Mijaliśmy się wzrokiem jak w fotomontażu.

Nie prosił ani zostań, ani odejdź.
Nie pytał o nikogo z naszego stolika.
Ani o ciebie, Bolku. Ani o ciebie, Tolku. Ani o ciebie, Lolku.

Rozbolała mnie głowa. Kto komu umiera?
Chwaliłem medycynę i trzy fiołki w szklance.
Opowiadałem o słońcu i gasłem.

Jak dobrze, że są schody, którymi się zbiega.
Jak dobrze, że jest brama, którą się otwiera.
Jak dobrze, że czekacie na mnie przy stoliku.

Szpitalna woń przyprawia mnie o mdłości.

REPORT FROM THE HOSPITAL

We used matches to draw lots: who would visit him.
And I lost. I got up from our table.
Visiting hours were just about to start.

When I said hello he didn't say a word.
I tried to take his hand — he pulled it back
like a hungry dog that won't give up his bone.

He seemed embarrassed about dying.
What do you say to someone like that?
Our eyes never met, like in a faked photograph.

He didn't care if I stayed or left.
He didn't ask about anyone from our table.
Not you, Barry. Or you, Larry. Or you, Harry.

My head started to ache. Who's dying on who?
I went on about modern medicine and the three violets in a jar.
I talked about the sun and faded out.

It's a good thing they have stairs to run down.
It's a good thing they have gates to let you out.
It's a good thing you guys are waiting at our table.

The hospital smell makes me sick.

7 — Wisława Szymborska

PRZYLOT

Tej wiosny znowu ptaki wróciły za wcześnie.
Ciesz się, rozumie, instynkt też się myli.
Zagapi się, przeoczy — i spadają w śnieg,
i giną licho, giną nie na miarę
budowy swojej krtani i arcypazurków,
rzetelnych chrząstek i sumiennych błon,
dorzecza serca, labiryntu jelit,
nawy żeber i kręgów w świetnej amfiladzie,
piór godnych pawilonu w muzeum wszechrzemiosł
i dzioba mniszej cierpliwości.

To nie jest lament, to tylko zgorszenie,
że anioł z prawdziwego białka,
latawiec o gruczołach z pieśni nad pieśniami,
pojedynczy w powietrzu, nieprzeliczony w ręce,
tkanka po tkance związany we wspólność
miejsca i czasu jak sztuka klasyczna
w brawach skrzydeł —
spada i kładzie się obok kamienia,
który w swój archaiczny i prostacki sposób
patrzy na życie jak na odrzucane próby.

RETURNING BIRDS

This spring the birds came back again too early.
Rejoice, O reason: instinct can err, too.
It gathers wool, it dozes off — and down they fall
into the snow, into a foolish fate, a death
that doesn't suit their well-wrought throats and splendid claws,
their honest cartilage and conscientious webbing,
the heart's sensible sluice, the entrails' maze,
the nave of ribs, the vertebrae in stunning enfilades,
feathers deserving their own wing in any crafts museum,
the Benedictine patience of the beak.

This is not a dirge — no, it's only indignation.
An angel made of earthbound protein,
a living kite with glands straight from the Song of Songs,
singular in air, without number in the hand,
its tissues tied into a common knot
of place and time, as in an Aristotelian drama
unfolding to the wings' applause,
falls down and lies beside a stone,
which in its own archaic, simpleminded way
sees life as a chain of failed attempts.

TOMASZ MANN

Drogie syreny, tak musiało być,
kochane fauny, wielmożne anioły,
ewolucja stanowczo wyparła się was.
Nie brak jej wyobraźni, ale wy i wasze
płetwy z głębi dewonu, a piersi z aluwium,
wasze dłonie palczaste, a u nóg kopytka,
te ramiona nie zamiast, ale oprócz skrzydeł,
te wasze, strach pomyśleć, szkieletki-dwutworki
nie w porę ogoniaste, rogate z przekory
albo na gapę ptasie, te zlepki, te zrostki,
te składanki-cacanki, te dystychy
rymujące człowieka z czaplą tak kunsztownie,
że fruwa i nieśmiertelny jest, i wszystko wie
— przyznacie chyba same, że byłby to żart
i nadmiar wiekuisty, i kłopoty,
których przyroda mieć nie chce i nie ma.

Dobrze, że choć pozwala pewnej rybie latać
z wyzywającą wprawą. Każdy taki wzlot
to pociecha w regule, to ułaskawienie
z powszechnej konieczności, dar
hojniejszy, niż potrzeba, żeby świat był światem.

Dobrze, że choć dopuszcza do scen tak zbytkownych,
jak dziobak mlekiem karmiący pisklęta.
Mogłaby się sprzeciwić — i któż by z nas odkrył,
że jest obrabowany?

A najlepsze to,
że przeoczyła moment, kiedy pojawił się ssak
z cudownie upierzoną watermanem ręką.

THOMAS MANN

Dear mermaids, it was bound to happen.
Beloved fauns and honorable angels,
evolution has emphatically cast you out.
Not that it lacks imagination, but
you with your Devonian tail fins and alluvial breasts,
your fingered hands and cloven feet,
your arms alongside, not instead of, wings,
your, heaven help us, diphyletic skeletons,
your ill-timed tails, horns sprouted out of spite,
illegitimate beaks, this morphogenetic potpourri, those
finned or furry frills and furbelows, the couplets
pairing human/heron with such cunning
that their offspring knows all, is immortal, and can fly,
you must admit that it would be a nasty joke,
excessive, everlasting, and no end of bother,
one that mother nature wouldn't like and won't allow.

And after all she does permit a fish to fly,
deft and defiant. Each such ascent
consoles our rule-bound world, reprieves it
from necessity's confines — more
than enough for the world to be a world.

And after all she does permit us baroque gems
like this: a platypus that feeds its chicks on milk.
She might have said no — and which of us would know
that we'd been robbed?

But the best is that
she somehow missed the moment when a mammal turned up
with its hand miraculously feathered by a fountain pen.

101

TARSJUSZ

Ja tarsjusz syn tarsjusza,
wnuk tarsjusza i prawnuk,
zwierzątko małe, złożone z dwóch źrenic
i tylko bardzo już koniecznej reszty;
cudownie ocalony od dalszej przeróbki,
bo przysmak ze mnie żaden,
na kołnierz są więksi,
gruczoły moje nie przynoszą szczęścia,
koncerty odbywają się bez moich jelit;
ja tarsjusz
siedzę żywy na palcu człowieka.

Dzień dobry, wielki panie,
co mi za to dasz,
że mi niczego nie musisz odbierać?
Swoją wspaniałomyślność czym mi wynagrodzisz?
Jaką mi, bezcennemu, przyznasz cenę
za pozowanie do twoich uśmiechów?

Wielki pan dobry —
wielki pan łaskawy —
któż by mógł o tym świadczyć, gdyby brakło
zwierząt niewartych śmierci?
Wy sami może?
Ależ to, co już o sobie wiecie,
starczy na noc bezsenną od gwiazdy do gwiazdy.

I tylko my nieliczne, z futer nie odarte,
nie zdjęte z kości, nie strącone z piór,
uszanowane w kolcach, łuskach, rogach, kłach,
i co tam które jeszcze ma
z pomysłowego białka,
jesteśmy — wielki panie — twoim snem,
co uniewinnia cię na krótką chwilę.

TARSIER

I am a tarsier and a tarsier's son,
the grandson and great-grandson of tarsiers,
a tiny creature, made up of two pupils
and whatever simply could not be left out;
miraculously saved from further alterations —
since I'm no one's idea of a treat,
my coat's too small for a fur collar,
my glands provide no bliss,
and concerts go on without my gut —
I, a tarsier,
sit living on a human fingertip.

Good morning, lord and master,
what will you give me
for not taking anything from me?
How will you reward me for your own magnanimity?
What price will you set on my priceless head
for the poses I strike to make you smile?

My good lord is gracious,
my good lord is kind.
Who else could bear such witness if there were
no creatures unworthy of death?
You yourselves, perhaps?
But what you've come to know about yourselves
will serve for a sleepless night from star to star.

And only we few who remain unstripped of fur,
untorn from bone, unplucked of soaring feathers,
esteemed in all our quills, scales, tusks, and horns,
and in whatever else that ingenious protein
has seen fit to clothe us with,
we, my lord, are your dream,
which finds you innocent for now.

Ja tarsjusz, ojciec i dziadek tarsjusza,
zwierzątko małe, prawie że półczegoś,
co jednak jest całością od innych nie gorszą;
tak lekki, że gałązki wznoszą się pode mną
i mogłyby mnie dawno w niebo wziąć,
gdybym nie musiał raz po raz
spadać kamieniem z serc
ach, roztkliwionych;
ja tarsjusz
wiem, jak bardzo trzeba być tarsjuszem.

I am a tarsier — the father and grandfather of tarsiers —
a tiny creature, nearly half of something,
yet nonetheless a whole no less than others,
so light that twigs spring up beneath my weight
and might have lifted me to heaven long ago
if I hadn't had to fall
time and again
like a stone lifted from hearts
grown oh so sentimental:
I, a tarsier,
know well how essential it is to be a tarsier.

AKROBATA

Z trapezu na
na trapez, w ciszy po
po nagle zmilkłym werblu, przez
przez zaskoczone powietrze, szybszy niż
niż ciężar ciała, które znów
znów nie zdążyło spaść.

Sam. Albo jeszcze mniej niż sam,
mniej, bo ułomny, bo mu brak,
brak skrzydeł, brak mu bardzo,
brak, który go zmusza
do wstydliwych przefrunięć na nieupierzonej
już tylko nagiej uwadze.

Mozolnie lekko,
z cierpliwą zwinnością,
w wyrachowanym natchnieniu. Czy widzisz,
jak on się czai do lotu, czy wiesz,
jak on spiskuje od głowy do stóp
przeciw takiemu, jakim jest, czy wiesz, czy widzisz,
jak chytrze się przez dawny kształt przewleka i
żeby pochwycić w garść rozkołysany świat,
nowo zrodzone z siebie wyciąga ramiona —

piękniejsze ponad wszystko w jednej tej
w tej jednej, która zresztą już minęła, chwili.

THE ACROBAT

From trapeze to
to trapeze, in the hush that
that follows the drum roll's sudden pause, through
through the startled air, more swiftly than
than his body's weight, which once again
again is late for its own fall.

Solo. Or even less than solo,
less, because he's crippled, missing
missing wings, missing them so much
that he can't miss the chance
to soar on shamefully unfeathered
naked vigilance alone.

Arduous ease,
watchful agility,
and calculated inspiration. Do you see
how he waits to pounce in flight; do you know
how he plots from head to toe
against his very being; do you know, do you see
how cunningly he weaves himself through his own former shape
and works to seize this swaying world
by stretching out the arms he has conceived —

beautiful beyond belief at this passing
at this very passing moment that's just passed.

FETYSZ PŁODNOŚCI Z PALEOLITU

Wielka Matka nie ma twarzy.
Na co Wielkiej Matce twarz.
Twarz nie potrafi wiernie należeć do ciała,
twarz się naprzykrza ciału, jest nieboska,
narusza jego uroczystą jedność.
Obliczem Wielkiej Matki jest wypukły brzuch
z ślepym pępkiem pośrodku.

Wielka Matka nie ma stóp.
Na co Wielkiej Matce stopy.
A gdzież to jej wędrować.
A po cóż by miała wchodzić w szczegóły świata.
Ona już zaszła tam, gdzie chciała zajść,
i waruje w pracowniach pod napiętą skórą.

Jest świat? No to i dobrze.
Obfity? Tym lepiej.
Mają się dokąd porozbiegać dziatki,
mają ku czemu wznosić głowy? Pięknie.
Tyle go, że istnieje, nawet kiedy śpią,
aż do przesady cały i prawdziwy?
I zawsze, nawet za plecami, jest?
To dużo, bardzo dużo z jego strony.

Wielka Matka dwie rączki ledwie ledwie ma,
dwie cienkie, skrzyżowane leniwie na piersiach.
Po cóż by miały życiu błogosławić,
obdarowywać obdarowanego!
Jedyną ich powinnością
jest podczas ziemi i nieba
wytrwać na wszelki wypadek,
który się nigdy nie zdarzy.
Zygzakiem leżeć na treści.
Być prześmiechem ornamentu.

A PALAEOLITHIC FERTILITY FETISH

The Great Mother has no face.
Why would the Great Mother need a face.
The face cannot stay faithful to the body,
the face disturbs the body, it is undivine,
it disturbs the body's solemn unity.
The Great Mother's visage is her bulging belly
with its blind navel in the middle.

The Great Mother has no feet.
What would the Great Mother do with feet.
Where is she going to go.
Why would she go into the world's details.
She has gone just as far as she wants
and keeps watch in the workshops under her taut skin.

So there's a world out there? Well and good.
It's bountiful? Even better.
The children have somewhere to go, to run around,
something to look up to? Wonderful.
So much that it's still there while they're sleeping,
almost ridiculously whole and real?
It keeps on existing when their backs are turned?
That's just too much — it shouldn't have.

The Great Mother barely has a pair of arms,
two tiny limbs lie lazing on her breasts.
Why would they want to bless life,
give gifts to what has enough and more!
Their only obligation
is to endure as long as earth and sky
just in case
of some mishap that never comes.
To form a zigzag over essence.
The ornament's last laugh.

STO POCIECH

Zachciało mu się szczęścia,
zachciało mu się prawdy,
zachciało mu się wieczności,
patrzcie go!

Ledwie rozróżnił sen od jawy,
ledwie domyślił się, że on to on,
ledwie wystrugał ręką z płetwy rodem
krzesiwo i rakietę,
łatwy do utopienia w łyżce oceanu,
za mało nawet śmieszny, żeby pustkę śmieszyć,
oczami tylko widzi,
uszami tylko słyszy,
rekordem jego mowy jest tryb warunkowy,
rozumem gani rozum,
słowem: prawie nikt,
ale wolność mu w głowie, wszechwiedza i byt
poza niemądrym mięsem,
patrzcie go!

Bo przecież chyba jest,
naprawdę się wydarzył
pod jedną z gwiazd prowincjonalnych.
Na swój sposób żywotny i wcale ruchliwy.
Jak na marnego wyrodka kryształu —
dość poważnie zdziwiony.
Jak na trudne dzieciństwo w koniecznościach stada —
nieźle już poszczególny.
Patrzcie go!

Tylko tak dalej, dalej choć przez chwilę,
bodaj przez mgnienie galaktyki małej!
Niechby się wreszcie z grubsza okazało,

NO END OF FUN

So he's got to have happiness,
he's got to have truth, too,
he's got to have eternity —
did you ever!

He has only just learned to tell dreams from waking;
only just realized that he is he;
only just whittled with his hand né fin
a flint, a rocket ship;
easily drowned in the ocean's teaspoon,
not even funny enough to tickle the void;
sees only with his eyes;
hears only with his ears;
his speech's personal best is the conditional;
he uses his reason to pick holes in reason.
In short, he's next to no one,
but his head's full of freedom, omniscience, and the Being
beyond his foolish meat —
did you ever!

For he does apparently exist.
He genuinely came to be
beneath one of the more parochial stars.
He's lively and quite active in his fashion.
His capacity for wonder is well advanced
for a crystal's deviant descendant.
And considering his difficult childhood
spent kowtowing to the herd's needs,
he's already quite an individual indeed —
did you ever!

Carry on, then, if only for the moment
that it takes a tiny galaxy to blink!
One wonders what will become of him,

czym będzie, skoro jest.
A jest — zawzięty.
Zawzięty, trzeba przyznać, bardzo.
Z tym kółkiem w nosie, w tej todze, w tym swetrze.
Sto pociech, bądź co bądź.
Niebożę.
Istny człowiek.

since he does in fact seem to be.
And as far as being goes, he really tries quite hard.
Quite hard indeed — one must admit.
With that ring in his nose, with that toga, that sweater.
He's no end of fun, for all you say.
Poor little beggar.
A human, if ever we saw one.

WSZELKI WYPADEK

COULD HAVE

(1972)

Zdarzyć się mogło.
Zdarzyć się musiało.
Zdarzyło się wcześniej. Później. Bliżej. Dalej.
Zdarzyło się nie tobie.

Ocalałeś, bo byłeś pierwszy.
Ocalałeś, bo byłeś ostatni.
Bo sam. Bo ludzie. Bo w lewo. Bo w prawo.
Bo padał deszcz. Bo padał cień.
Bo panowała słoneczna pogoda.

Na szczęście był tam las.
Na szczęście nie było drzew.
Na szczęście szyna, hak, belka, hamulec,
framuga, zakręt, milimetr, sekunda.
Na szczęście brzytwa pływała po wodzie.

Wskutek, ponieważ, a jednak, pomimo.
Co by to było, gdyby ręka, noga,
o krok, o włos
od zbiegu okoliczności.

Więc jesteś? Prosto z uchylonej jeszcze chwili?
Sieć była jednooka, a ty przez to oko?
Nie umiem się nadziwić, namilczeć się temu.
Posłuchaj,
jak mi prędko bije twoje serce.

COULD HAVE

It could have happened.
It had to happen.
It happened earlier. Later. Nearer. Farther off.
It happened, but not to you.

You were saved because you were the first.
You were saved because you were the last.
Alone. With others. On the right. The left.
Because it was raining. Because of the shade.
Because the day was sunny.

You were in luck — there was a forest.
You were in luck — there were no trees.
You were in luck — a rake, a hook, a beam, a brake,
a jamb, a turn, a quarter inch, an instant.
You were in luck — just then a straw went floating by.

As a result, because, although, despite.
What would have happened if a hand, a foot,
within an inch, a hairsbreadth from
an unfortunate coincidence.

So you're here? Still dizzy from another dodge, close shave, reprieve?
One hole in the net and you slipped through?
I couldn't be more shocked or speechless.
Listen,
how your heart pounds inside me.

WRAŻENIA Z TEATRU

Najważniejszy w tragedii jest dla mnie akt szósty:
zmartwychwstawanie z pobojowisk sceny,
poprawianie peruk, szatek,
wyrywanie noża z piersi,
zdejmowanie pętli z szyi,
ustawianie się w rzędzie pomiędzy żywymi
twarzą do publiczności.

Ukłony pojedyncze i zbiorowe:
biała dłoń na ranie serca,
dyganie samobójczyni,
kiwanie ściętej głowy.

Ukłony parzyste:
wściekłość podaje ramię łagodności,
ofiara patrzy błogo w oczy kata,
buntownik bez urazy stąpa przy boku tyrana.

Deptanie wieczności noskiem złotego trzewiczka.
Rozpędzanie morałów rondem kapelusza.
Niepoprawna gotowość rozpoczęcia od jutra na nowo.

Wejście gęsiego zmarłych dużo wcześniej,
bo w akcie trzecim, czwartym oraz pomiędzy aktami.
Cudowny powrót zaginionych bez wieści.
Myśl, że za kulisami czekali cierpliwie,
nie zdejmując kostiumu,
nie zmywając szminki,
wzrusza mnie bardziej niż tyrady tragedii.

Ale naprawdę podniosłe jest opadanie kurtyny
i to, co widać jeszcze w niskiej szparze:
tu oto jedna ręka po kwiat spiesznie sięga,
tam druga chwyta upuszczony miecz.

THEATRE IMPRESSIONS

For me the tragedy's most important act is the sixth:
the raising of the dead from the stage's battlegrounds,
the straightening of wigs and fancy gowns,
removing knives from stricken breasts,
taking nooses from lifeless necks,
lining up among the living
to face the audience.

The bows, both solo and ensemble —
the pale hand on the wounded heart,
the curtseys of the hapless suicide,
the bobbing of the chopped-off head.

The bows in pairs —
rage extends its arm to meekness,
the victim's eyes smile at the torturer,
the rebel indulgently walks beside the tyrant.

Eternity trampled by the golden slipper's toe.
Redeeming values swept aside with the swish of a wide-brimmed hat.
The unrepentant urge to start all over tomorrow.

Now enter, single file, the hosts who died early on,
in Acts 3 and 4, or between scenes.
The miraculous return of all those lost without a trace.
The thought that they've been waiting patiently offstage
without taking off their makeup
or their costumes
moves me more than all the tragedy's tirades.

But the curtain's fall is the most uplifting part,
the things you see before it hits the floor:
here one hand quickly reaches for a flower,
there another hand picks up a fallen sword.

Dopiero wtedy trzecia, niewidzialna,
spełnia swoją powinność:
ściska mnie za gardło.

Only then, one last, unseen, hand
does its duty
and grabs me by the throat.

GŁOSY

Ledwie ruszysz nogą, zaraz jak spod ziemi
Aboryginowie, Marku Emiliuszu.

W sam środek Rutulów już ci grzęźnie pięta.
W Sabinów, Latynów wpadasz po kolana.
Już po pas, po szyję, już po dziurki w nosie
Ekwów masz i Wolsków, Lucjuszu Fabiuszu.

Do uprzykrzenia pełno tych małych narodów,
do przesytu i mdłości, Kwintusie Decjuszu.

Jedno miasto, drugie, sto siedemdziesiąte.
Upór Fidenatów. Zła wola Felisków.
Ślepota Ecetran. Chwiejność Antemnatów.
Obraźliwa niechęć Labikan, Pelignów.
Oto co nas łagodnych zmusza do surowości
za każdym nowym wzgórzem, Gajuszu Kleliuszu.

Gdybyż nie zawadzali, ale zawadzają
Aurunkowie, Marsowie, Spuriuszu Manliuszu.

Tarkwiniowie stąd zowąd, Etruskowie zewsząd.
Wolsyńczycy ponadto. Na domiar Wejenci.
Ponad sens Aulerkowie. Item Sappianaci
ponad ludzką cierpliwość, Sekstusie Oppiuszu.

Narody małe rozumieją mało.
Otacza nas tępota coraz szerszym kręgiem.
Naganne obyczaje. Zacofane prawa.
Nieskuteczni bogowie, Tytusie Wiliuszu.

Kopce Herników. Roje Murrycynów.
Owadzia mnogość Westynów, Samnitów.
Im dalej, tym ich więcej, Serwiuszu Folliuszu.

You can't move an inch, my dear Marcus Emilius,
without Aborigines sprouting up as if from the earth itself.

Your heel sticks fast amidst Rutulians.
You founder knee-deep in Sabines and Latins.
You're up to your waist, your neck, your nostrils
in Aequians and Volscians, dear Lucius Fabius.

These irksome little nations, thick as flies.
It's enough to make you sick, dear Quintus Decius.

One town, then the next, then the hundred and seventieth.
The Fidenates' stubbornness. The Feliscans' ill will.
The shortsighted Ecetrans. The capricious Antemnates.
The Labicanians and Pelignians, offensively aloof.
They drive us mild-mannered sorts to sterner measures
with every new mountain we cross, dear Gaius Cloelius.

If only they weren't always in the way, the Auruncians, the Marsians,
but they always do get in the way, dear Spurius Manlius.

Tarquinians where you'd least expect them, Etruscans on all sides.
If that weren't enough, Volsinians and Veientians.
The Aulerkians, beyond all reason. And, of course,
the endlessly vexatious Sapinians, my dear Sextus Oppius.

Little nations do have little minds.
The circle of thick skulls expands around us.
Reprehensible customs. Backward laws.
Ineffectual gods, my dear Titus Vilius.

Heaps of Hernicians. Swarms of Murricinians.
Antlike multitudes of Vestians and Samnites.
The further you go, the more there are, dear Servius Follius.

Godne ubolewania są małe narody.
Ich lekkomyślność wymaga nadzoru
za każdą nową rzeką, Aulusie Juniuszu.

Czuję się zagrożony wszelkim horyzontem.
Tak bym ujął tę kwestię, Hostiuszu Meliuszu.

Na to ja, Hostiusz Meliusz, Appiuszu Papiuszu,
powiadam tobie: Naprzód. Gdzieś wreszcie jest koniec świata.

These little nations are pitiful indeed.
Their foolish ways require supervision
with every new river we ford, dear Aulus Iunius.

Every new horizon threatens me.
That's how I'd put it, my dear Hostius Melius.

To which I, Hostius Melius, would reply, my dear
Appius Papius: March on! The world has got to end somewhere.

LISTY UMARŁYCH

Czytamy listy umarłych jak bezradni bogowie,
ale jednak bogowie, bo znamy późniejsze daty.
Wiemy, które pieniądze nie zostały oddane.
Za kogo prędko za mąż powychodziły wdowy.
Biedni umarli, zaślepieni umarli,
oszukiwani, omylni, niezgrabnie zapobiegliwi.
Widzimy miny i znaki robione za ich plecami.
Łowimy uchem szelest dartych testamentów.
Siedzą przed nami śmieszni jak na bułkach z masłem
albo rzucają się w pogoń za zwianymi z głów kapeluszami.
Ich zły gust, Napoleon, para i elektryczność,
ich zabójcze kuracje na uleczalne choroby,
niemądra apokalipsa według świętego Jana,
fałszywy raj na ziemi według Jana Jakuba...
Obserwujemy w milczeniu ich pionki na szachownicy,
tyle że przesunięte o trzy pola dalej.
Wszystko, co przewidzieli, wypadło zupełnie inaczej,
albo trochę inaczej, czyli także zupełnie inaczej.
Najgorliwsi wpatrują się nam ufnie w oczy,
bo wyszło im z rachunku, że ujrzą w nich doskonałość.

THE LETTERS OF THE DEAD

We read the letters of the dead like helpless gods,
but gods, nonetheless, since we know the dates that follow.
We know which debts will never be repaid.
Which widows will remarry with the corpse still warm.
Poor dead, blindfolded dead,
gullible, fallible, pathetically prudent.
We see the faces people make behind their backs.
We catch the sound of wills being ripped to shreds.
The dead sit before us comically, as if on buttered bread,
or frantically pursue the hats blown from their heads.
Their bad taste, Napoleon, steam, electricity,
their fatal remedies for curable diseases,
their foolish apocalypse according to St. John,
their counterfeit heaven on earth according to Jean-Jacques...
We watch the pawns on their chessboards in silence,
even though we see them three squares later.
Everything the dead predicted has turned out completely different.
Or a little bit different — which is to say, completely different.
The most fervent of them gaze confidingly into our eyes:
their calculations tell them that they'll find perfection there.

W PRZYTUŁKU

Jabłońska, tej to dobrze, ze wszystkim się godzi,
a jeszcze niby księżna między nami chodzi.
Jeszcze wiąże chusteczki i kręci fryzury —
że trzech synów ma w niebie, to nuż wyjrzy który.

„Gdyby wojnę przeżyli, tobym tu nie była.
Na zimę do jednego, latem do drugiego."
Tak sobie wymyśliła.
Taka pewna tego.

I jeszcze kiwa nad nami tą głową,
i pyta o te nasze niezabite dzieci,
bo ją,
„toby na święta zaprosił ten trzeci".

Pewnie by jeszcze zjechał złocistą karocą
zaprzężoną, a jakże, w białe gołębice,
żeby wszyscy widzieli
i nie zapomnieli.

Aż się czasem uśmieje sama panna Mania,
panna Mania do pielęgnowania,
litość nad nami na stałym etacie
z prawem do wczasów i wolnej niedzieli.

OLD FOLKS' HOME

Here comes Her Highness — well you know who I mean,
our Helen the snooty — now who made her queen!
With her lipstick and wig on, as if we could care,
like her three sons in heaven can see her from there!

"I wouldn't be here if they'd lived through the war.
I'd spent winter with one son, summer with another."
What makes her so sure?
I'd be dead too now, with her for a mother.

And she keeps on asking ("I don't mean to pry")
why from your sons and daughters there's never a word
even though they weren't killed. "If my boys were alive,
I'd spend all my holidays home with the third."

Right, and in his gold carriage he'd come and get her,
drawn by a swan or a lily-white dove,
to show all of us that he'll never forget her
and how much he owes to her motherly love.

Even Jane herself, the nurse, can't help but grin
when our Helen starts singing this old song again —
even though Jane's job is commiseration
Monday through Friday, with two weeks' vacation.

9 — Wisława Szymborska

PROSPEKT

Jestem pastylka na uspokojenie.
Działam w mieszkaniu,
skutkuję w urzędzie,
siadam do egzaminów,
staję na rozprawie,
starannie sklejam rozbite garnuszki —
tylko mnie zażyj,
rozpuść pod językiem,
tylko mnie połknij,
tylko popij wodą.

Wiem, co robić z nieszczęściem,
jak znieść złą nowinę,
zmniejszyć niesprawiedliwość,
rozjaśnić brak Boga,
dobrać do twarzy kapelusz żałobny.
Na co czekasz —
zaufaj chemicznej litości.

Jesteś jeszcze młody (młoda),
powinieneś (powinnaś) urządzić się jakoś.
Kto powiedział,
że życie ma być odważnie przeżyte?

Oddaj mi swoją przepaść —
wymoszczę ją snem,
będziesz mi wdzięczny (wdzięczna)
za cztery łapy spadania.

Sprzedaj mi swoją duszę.
Inny się kupiec nie trafi.

Innego diabła już nie ma.

ADVERTISEMENT

I'm a tranquillizer.
I'm effective at home.
I work in the office.
I can take exams
or the witness stand.
I mend broken cups with care.
All you have to do is take me,
let me melt beneath your tongue,
just gulp me
with a glass of water.

I know how to handle misfortune,
how to take bad news.
I can minimize injustice,
lighten up God's absence,
or pick the widow's veil that suits your face.
What are you waiting for?
Have faith in my chemical compassion.

You're still a young man/woman.
It's not too late to learn how to unwind.
Who said
you have to take it on the chin?

Let me have your abyss.
I'll cushion it with sleep.
You'll thank me for giving you
four paws to fall on.

Sell me your soul.
There are no other takers.

There is no other devil anymore.

SPACER WSKRZESZONEGO

Pan profesor już umarł trzy razy.
Po pierwszej śmierci kazano mu poruszać głową.
Po drugiej śmierci kazano mu siadać.
Po trzeciej — postawiono go nawet na nogi,
podparto grubą zdrową nianią:
Pójdziemy sobie teraz na mały spacerek.

Głęboko uszkodzony po wypadku mózg
i proszę, aż dziw bierze, ile pokonał trudności:
Lewa prawa, jasno ciemno, drzewo trawa, boli jeść.

Dwa plus dwa, profesorze?
Dwa — mówi profesor.
Jest to odpowiedź lepsza od poprzednich.

Boli, trawa, siedzieć, ławka.
A na końcu alei znowu ta stara jak świat,
niejowialna, nierumiana,
trzy razy stąd przepędzana,
podobno niania prawdziwa.

Pan profesor chce do niej.
Znów się nam wyrywa.

LAZARUS TAKES A WALK

The professor has died three times now.
After the first death, he was taught to move his head.
After the second, he learned how to sit up.
After the third, they even got him on his feet,
propped up by a sturdy, chubby nanny:
Let's take a little walk, shall we, professor?

Severe brain damage following the accident
and yet — will wonders never cease — he's come so far:
left right, light dark, tree grass, hurt eat.

Two plus two, professor?
Two, says the professor.
At least he's getting warm.

Hurt, grass, sit, bench.
But at the garden's edge, that old bird,
neither pink nor cheery,
chased away three times now,
his real nanny. Or so she says — who knows.

He wants to go to her. Another tantrum.
What a shame. This time he came so close.

FOTOGRAFIA TŁUMU

Na fotografii tłumu
moja głowa siódma z kraja,
a może czwarta na lewo
albo dwudziesta od dołu;

moja głowa nie wiem która,
już nie jedna, nie jedyna,
już podobna do podobnych,
ni to kobieca, ni męska;

znaki, które mi daje,
to znaki szczególne żadne;

może widzi ją Duch Czasu,
ale się jej nie przygląda;

moja głowa statystyczna,
co spożywa stal i kable
najspokojniej, najglobalniej;

bez wstydu, że jakakolwiek,
bez rozpaczy, że wymienna;

jakbym wcale jej nie miała
po swojemu i z osobna;

jakby cmentarz odkopano
pełen bezimiennych czaszek
o niezłej zachowalności
pomimo umieralności;

jakby ona już tam była,
moja głowa wszelka, cudza;

gdzie, jeżeli coś wspomina,
to chyba przyszłość głęboką.

SNAPSHOT OF A CROWD

In the snapshot of a crowd,
my head's seventh from the edge,
or maybe fourth from the left,
or twenty-eighth from the bottom;

my head is I don't know which,
no longer on its own shoulders,
just like the rest (and vice versa),
neither clearly male nor female;

whatever it signifies
is of no significance,

and the Spirit of the Age
may just glance its way, at best;

my head is statistical,
it consumes its steel *per capita*
globally and with composure;

shamelessly predictable,
complacently replaceable;

as if I didn't even own it
in my own and separate way;

as if it were one skull of many
found unnamed in stripmined graveyards
and preserved so well that one
forgets that its owner's gone;

as if it were already there,
my head, any-, everyone's;

where its memories, if any,
must reach deep into the future.

135

Wrócił. Nic nie powiedział.
Było jednak jasne, że spotkała go przykrość.
Położył się w ubraniu.
Schował głowę pod kocem.
Podkurczył kolana.
Ma około czterdziestki, ale nie w tej chwili.
Jest — ale tylko tyle, ile w brzuchu matki
za siedmioma skórami, w obronnej ciemności.
Jutro wygłosi odczyt o homeostazie
w kosmonautyce metagalaktycznej.
Na razie zwinął się, zasnął.

GOING HOME

He came home. Said nothing.
It was clear, though, that something had gone wrong.
He lay down fully dressed.
Pulled the blanket over his head.
Tucked up his knees.
He's nearly forty, but not at the moment.
He exists just as he did inside his mother's womb,
clad in seven walls of skin, in sheltered darkness.
Tomorrow he'll give a lecture
on homeostasis in metagalactic cosmonautics.
For now, though, he has curled up and gone to sleep.

ODKRYCIE

Wierzę w wielkie odkrycie.
Wierzę w człowieka, który dokona odkrycia.
Wierzę w przestrach człowieka, który dokona odkrycia.

Wierzę w bladość jego twarzy,
w mdłości, w zimny pot na wardze.

Wierzę w spalenie notatek,
w spalenie ich na popiół,
w spalenie co do jednej.

Wierzę w rozsypanie liczb,
w rozsypanie ich bez żalu.

Wierzę w pośpiech człowieka,
w dokładność jego ruchów,
w nieprzymuszoną wolę.

Wierzę w stłuczenie tablic,
w wylanie płynów,
w zgaszenie promienia.

Twierdzę, że to się uda
i że nie będzie za późno,
i rzecz rozegra się w nieobecności świadków.

Nikt się nie dowie, jestem tego pewna,
ani żona, ani ściana,
nawet ptak, bo nuż wyśpiewa.

Wierzę w nieprzyłożoną rękę,
wierzę w złamaną karierę,
wierzę w zaprzepaszczoną pracę wielu lat.
Wierzę w sekret zabrany do grobu.

DISCOVERY

I believe in the great discovery.
I believe in the man who will make the discovery.
I believe in the fear of the man who will make the discovery.

I believe in his face going white,
his queasiness, his upper lip drenched in cold sweat.

I believe in the burning of his notes,
burning them into ashes,
burning them to the last scrap.

I believe in the scattering of numbers,
scattering them without regret.

I believe in the man's haste,
in the precision of his movements,
in his free will.

I believe in the shattering of tablets,
the pouring out of liquids,
the extinguishing of rays.

I am convinced this will end well,
that it will not be too late,
that it will take place without witnesses.

I'm sure no one will find out what happened,
not the wife, not the wall,
not even the bird that might squeal in its song.

I believe in the refusal to take part,
I believe in the ruined career,
I believe in the wasted years of work.
I believe in the secret taken to the grave.

139

Szybują mi te słowa ponad regułami.
Nie szukają oparcia w jakichkolwiek przykładach.
Moja wiara jest silna, ślepa i bez podstaw.

These words soar for me beyond all rules
without seeking support from actual examples.
My faith is strong, blind, and without foundation.

SZKIELET JASZCZURA

Kochani Bracia,
widzimy tutaj przykład złych proporcji:
oto szkielet jaszczura piętrzy się przed nami —

Drodzy Przyjaciele,
na lewo ogon w jedną nieskończoność,
na prawo szyja w drugą —

Szanowni Towarzysze,
pośrodku cztery łapy, co ugrzęzły w mule
pod pagórem tułowia —

Łaskawi Obywatele,
przyroda się nie myli, ale lubi żarty:
proszę zwrócić uwagę na tę śmieszną główkę —

Panie, Panowie,
taka główka niczego nie mogła przewidzieć
i dlatego jest główką wymarłego gada —

Czcigodni Zgromadzeni,
za mało mózgu, za duży apetyt,
więcej głupiego snu niż mądrej trwogi —

Dostojni Goście,
pod tym względem jesteśmy w dużo lepszej formie,
życie jest piękne i ziemia jest nasza —

Wyborni Delegaci,
niebo gwiaździste nad myślącą trzciną,
prawo moralne w niej —

Prześwietna Komisjo,
udało się raz
i może tylko pod tym jednym słońcem —

DINOSAUR SKELETON

Beloved Brethren,
we have before us an example of incorrect proportions.
Behold! the dinosaur's skeleton looms above —

Dear Friends,
on the left we see the tail trailing into one infinity,
on the right, the neck juts into another —

Esteemed Comrades,
in between, four legs that finally mired in the slime
beneath this hillock of a trunk —

Gentle Citizens,
nature does not err, but it loves its little joke:
please note the laughably small head —

Ladies, Gentlemen,
a head this size does not have room for foresight,
and that is why its owner is extinct —

Honored Dignitaries,
a mind too small, an appetite too large,
more senseless sleep than prudent apprehension —

Distinguished Guests,
we're in far better shape in this regard,
life is beautiful and the world is ours —

Venerated Delegation,
the starry sky above the thinking reed
and moral law within it —

Most Reverend Deputation,
such success does not come twice
and perhaps beneath this single sun alone —

143

Naczelna Rado,
jakie zręczne ręce,
jakie wymowne usta,
ile głowy na karku —

Najwyższa Instancjo,
cóż za odpowiedzialność na miejsce ogona —

Inestimable Council,
how deft the hands,
how eloquent the lips,
what a head on these shoulders —

Supremest of Courts,
so much responsibility in place of a vanished tail —

Straciłam kilka bogiń w drodze z południa na północ,
a także wielu bogów w drodze ze wschodu na zachód.
Zgasło mi raz na zawsze parę gwiazd, rozstąp się niebo.
Zapadła mi się w morze wyspa jedna, druga.
Nie wiem nawet dokładnie, gdzie zostawiłam pazury,
kto chodzi w moim futrze, kto mieszka w mojej skorupie.
Pomarło mi rodzeństwo, kiedy wypełzłam na ląd,
i tylko któraś kostka świętuje we mnie rocznicę.
Wyskakiwałam ze skóry, trwoniłam kręgi i nogi,
odchodziłam od zmysłów bardzo dużo razy.
Dawno przymknęłam na to wszystko trzecie oko,
machnęłam na to płetwą, wzruszyłam gałęziami.

Podziało się, przepadło, na cztery wiatry rozwiało.
Sama się sobie dziwię, jak mało ze mnie zostało:
pojedyncza osoba w ludzkim chwilowo rodzaju,
która tylko parasol zgubiła wczoraj w tramwaju.

A SPEECH AT THE LOST-AND-FOUND

I lost a few goddesses while moving south to north,
and also some gods while moving east to west.
I let several stars go out for good, they can't be traced.
An island or two sank on me, they're lost at sea.
I'm not even sure exactly where I left my claws,
who's got my fur coat, who's living in my shell.
My siblings died the day I left for dry land
and only one small bone recalls that anniversary in me.
I've shed my skin, squandered vertebrae and legs,
taken leave of my senses time and again.
I've long since closed my third eye to all that,
washed my fins of it and shrugged my branches.

Gone, lost, scattered to the four winds. It still surprises me
how little now remains, one first person sing., temporarily
declined in human form, just now making such a fuss
about a blue umbrella left yesterday on a bus.

ZDUMIENIE

Czemu w zanadto jednej osobie?
Tej a nie innej? I co tu robię?
W dzień co jest wtorkiem? W domu nie gnieździe?
W skórze nie łusce? Z twarzą nie liściem?
Dlaczego tylko raz osobiście?
Właśnie na ziemi? Przy małej gwieździe?
Po tylu erach nieobecności?
Za wszystkie czasy i wszystkie glony?
Za jamochłony i nieboskłony?
Akurat teraz? Do krwi i kości?
Sama u siebie z sobą? Czemu
nie obok ani sto mil stąd,
nie wczoraj ani sto lat temu
siedzę i patrzę w ciemny kąt
— tak jak z wzniesionym nagle łbem
patrzy warczące zwane psem?

ASTONISHMENT

Why after all this one and not the rest?
Why this specific self, not in a nest,
but a house? Sewn up not in scales, but skin?
Not topped off by a leaf, but by a face?
Why on earth now, on Tuesday of all days,
and why on earth, pinned down by this star's pin?
In spite of years of my not being here?
In spite of seas of all these dates and fates,
these cells, celestials, and coelenterates?
What is it really that made me appear
neither an inch nor half a globe too far,
neither a minute nor aeons too early?
What made me fill myself with me so squarely?
Why am I staring now into the dark
and muttering this unending monologue
just like the growling thing we call a dog?

URODZINY

Tyle naraz świata ze wszystkich stron świata:
moreny, mureny i morza i zorze,
i ogień i ogon i orzeł i orzech —
jak ja to ustawię, gdzie ja to położę?
Te chaszcze i paszcze i leszcze i deszcze,
bodziszki, modliszki — gdzie ja to pomieszczę?
Motyle, goryle, beryle i trele —
dziękuję, to chyba o wiele za wiele.
Do dzbanka jakiego ten łopian i łopot
i łubin i popłoch i przepych i kłopot?
Gdzie zabrać kolibra, gdzie ukryć to srebro,
co zrobić na serio z tym żubrem i zebrą?
Już taki dwutlenek rzecz ważna i droga,
a tu ośmiornica i jeszcze stonoga!
Domyślam się ceny, choć cena z gwiazd zdarta —
dziękuję, doprawdy nie czuję się warta.
Nie szkoda to dla mnie zachodu i słońca?
Jak ma się w to bawić osoba żyjąca?
Na chwilę tu jestem i tylko na chwilę:
co dalsze przeoczę, a resztę pomylę.
Nie zdążę wszystkiego odróżnić od próżni.
Pogubię te bratki w pośpiechu podróżnym.
Już choćby najmniejszy — szalony wydatek:
fatyga łodygi i listek i płatek
raz jeden w przestrzeni, od nigdy, na oślep,
wzgardliwie dokładny i kruchy wyniosłe.

BIRTHDAY

So much world all at once — how it rustles and bustles!
Moraines and morays and morasses and mussels,
the flame, the flamingo, the flounder, the feather —
how to line them all up, how to put them together?
All the thickets and crickets and creepers and creeks!
The beeches and leeches alone could take weeks.
Chinchillas, gorillas, and sarsaparillas —
thanks, but all this excess of your kindness could kill us.
Where's the jar for this burgeoning burdock, brooks' babble,
rooks' squabble, snakes' squiggle, abundance, and trouble?
How to plug up the gold mines and pin down the fox,
how to cope with the lynx, bobolinks, streptococs!
Take dioxide: a lightweight, but mighty in deeds;
what about octopodes, what about centipedes?
I could look into prices, but don't have the nerve:
these are products I can't dream about, don't deserve.
Isn't sunset a little too much for two eyes
that, who knows, may not open to see the sun rise?
I am just passing through, it's a five-minute stop.
I won't catch what is distant; what's too close, I'll mix up.
While trying to plumb what the void's inner sense is,
I'm bound to pass by all these poppies and pansies.
What a loss when you think how much effort was spent
perfecting this petal, this pistil, this scent
for the one-time appearance, which is all they're allowed,
so aloofly precise and so fragilely proud.

ALLEGRO MA NON TROPPO

Jesteś piękne — mówię życiu —
bujniej już nie można było,
bardziej żabio i słowiczo,
bardziej mrówczo i nasiennie.

Staram się mu przypodobać,
przypochlebić, patrzeć w oczy.
Zawsze pierwsza mu się kłaniam
z pokornym wyrazem twarzy.

Zabiegam mu drogę z lewej,
zabiegam mu drogę z prawej,
i unoszę się w zachwycie,
i upadam od podziwu.

Jaki polny jest ten konik,
jaka leśna ta jagoda —
nigdy bym nie uwierzyła,
gdybym się nie urodziła!

Nie znajduję — mówię życiu —
z czym mogłabym cię porównać.
Nikt nie zrobi drugiej szyszki
ani lepszej, ani gorszej.

Chwalę hojność, pomysłowość,
zamaszystość i dokładność,
i co jeszcze — i co dalej —
czarodziejstwo, czarnoksięstwo.

Byle tylko nie urazić,
nie rozgniewać, nie rozpętać.
Od dobrych stu tysiącleci
nadskakuję uśmiechnięta.

ALLEGRO MA NON TROPPO

Life, you're beautiful (I say)
you just couldn't get more fecund,
more befrogged or nightingaily,
more anthillful or sproutspouting.

I'm trying to court life's favor,
to get into its good graces,
to anticipate its whims.
I'm always the first to bow,

always there where it can see me
with my humble, reverent face,
soaring on the wings of rapture,
falling under waves of wonder.

Oh how grassy is this hopper,
how this berry ripely rasps.
I would never have conceived it
if I weren't conceived myself!

Life (I say) I've no idea
what I could compare you to.
No one else can make a pine cone
and then make the pine cone's clone.

I praise your inventiveness,
bounty, sweep, exactitude,
sense of order — gifts that border
on witchcraft and wizardry.

I just don't want to upset you,
tease or anger, vex or rile.
For millennia, I've been trying
to appease you with my smile.

Szarpię życie za brzeg listka:
przystanęło? dosłyszało?
Czy na chwilę, choć raz jeden,
dokąd idzie — zapomniało?

I tug at life by its leaf hem:
will it stop for me, just once,
momentarily forgetting
to what end it runs and runs?

AUTOTOMIA

W niebezpieczeństwie strzykwa dzieli się na dwoje:
jedną siebie oddaje na pożarcie światu,
drugą sobą ucieka.

Rozpada się gwałtownie na zgubę i ratunek,
na grzywnę i nagrodę, na co było i będzie.

W połowie ciała strzykwy roztwiera się przepaść
o dwóch natychmiast obcych sobie brzegach.

Na jednym brzegu śmierć, na drugim życie.
Tu rozpacz, tam otucha.

Jeśli istnieje waga, szale się nie chwieją.
Jeśli jest sprawiedliwość, oto ona.

Umrzeć ile konieczne, nie przebrawszy miary.
Odrosnąć ile trzeba z ocalonej reszty.

Potrafimy się dzielić, och prawda, my także.
Ale tylko na ciało i urwany szept.
Na ciało i poezję.

Po jednej stronie gardło, śmiech po drugiej,
lekki, szybko milknący.

Tu ciężkie serce, tam non omnis moriar,
trzy tylko słówka jak trzy piórka wzlotu.

Przepaść nas nie przecina.
Przepaść nas otacza.

Pamięci Haliny Poświatowskiej

AUTOTOMY

In danger, the holothurian cuts itself in two.
It abandons one self to a hungry world
and with the other self it flees.

It violently divides into doom and salvation,
retribution and reward, what has been and what will be.

An abyss appears in the middle of its body
between what instantly become two foreign shores.

Life on one shore, death on the other.
Here hope and there despair.

If there are scales, the pans don't move.
If there is justice, this is it.

To die just as required, without excess.
To grow back just what's needed from what's left.

We, too, can divide ourselves, it's true.
But only into flesh and a broken whisper.
Into flesh and poetry.

The throat on one side, laughter on the other,
quiet, quickly dying out.

Here the heavy heart, there *non omnis moriar* —
just three little words, like a flight's three feathers.

The abyss doesn't divide us.
The abyss surrounds us.

In memoriam Halina Poświatowska

ZNIERUCHOMIENIE

Miss Duncan, tancerka,
jaki tam obłok, zefirek, bachantka,
blask księżyca na fali, kołysanie, tchnienie.

Kiedy tak stoi w atelier fotograficznym,
z ruchu, z muzyki — ciężko, cieleśnie wyjęta,
na pastwę pozy porzucona,
na fałszywe świadectwo.

Grube ramiona wzniesione nad głową,
węzeł kolana spod krótkiej tuniki,
lewa noga do przodu, naga stopa, palce,
5 (słownie pięć) paznokci.

Jeden krok z wiecznej sztuki w sztuczną wieczność —
z trudem przyznaję, że lepszy niż nic
i słuszniejszy niż wcale.

Za parawanem różowy gorset, torebka,
w torebce bilet na statek parowy,
odjazd nazajutrz, czyli sześćdziesiąt lat temu;
już nigdy, ale za to punkt dziewiąta rano.

FROZEN MOTION

This isn't Miss Duncan, the noted danseuse?
Not the drifting cloud, the wafting zephyr, the Bacchante,
moonlit waters, waves swaying, breezes sighing?

Standing this way, in the photographer's atelier,
heftily, fleshily wrested from music and motion,
she's cast to the mercies of a pose,
forced to bear false witness.

Thick arms raised above her head,
a knotted knee protrudes from her short tunic,
left leg forward, naked foot and toes,
with 5 (count them) toenails.

One short step from eternal art into artificial eternity —
I reluctantly admit that it's better than nothing
and more fitting than otherwise.

Behind the screen, a pink corset, a handbag,
in it a ticket for a steamship
leaving tomorrow, that is, sixty years ago;
never again, but still at nine a. m. sharp.

PEWNOŚĆ

— *Więc jesteś pewien, że nasz okręt przybił*
do pustyń czeskich? — Jestem pewien, panie.
To jest z Szekspira, który, jestem pewna,
nie był kim innym. Kilka faktów, data,
portret omal za życia... Twierdzić, że to mało?
Czekać na dowód, który Wielkie już Morze porwało
i rzuciło na czeskie brzegi tego świata?

CERTAINTY

"Thou art certain *, then, our ship hath touch'd upon
the deserts of Bohemia?" "Aye, my lord." The quote's
from Shakespeare, who, I'm certain, wasn't someone else.
Some facts and dates, a portrait nearly done before
his death... Who needs more? Why expect to see
the proof, snatched up once by the Greater Sea,
then cast upon this world's Bohemian shore?

---

* *Changed from Shakespeare's "perfect" (translators' note).*

11 — Wisława Szymborska

KLASYK

Kilka grud ziemi, a będzie zapomniane życie.
Muzyka wyswobodzi się z okoliczności.
Ucichnie kaszel mistrza nad menuetami.
I oderwane będą kataplazmy.
Ogień strawi perukę pełną kurzu i wszy.
Znikną plamy inkaustu z koronkowego mankietu.
Pójdą na śmietnik trzewiki, niewygodni świadkowie.
Skrzypce zabierze sobie uczeń najmniej zdolny.
Powyjmowane będą z nut rachunki od rzeźnika.
Do mysich brzuchów trafią listy biednej matki.
Unicestwiona zgaśnie niefortunna miłość.
Oczy przestaną łzawić.
Różowa wstążka przyda się córce sąsiadów.
Czasy, chwalić Boga, nie są jeszcze romantyczne.
Wszystko, co nie jest kwartetem,
będzie jako piąte odrzucone.
Wszystko, co nie jest kwintetem,
będzie jako szóste zdmuchnięte.
Wszystko, co nie jest chórem czterdziestu aniołów,
zmilknie jako psi skowyt i czkawka żandarma.
Zabrany będzie z okna wazon z aloesem,
talerz z trutką na muchy i słoik z pomadą
i odsłoni się widok — ależ tak! — na ogród,
ogród, którego nigdy tu nie było.
No i teraz słuchajcie, słuchajcie, śmiertelni,
w zdumieniu pilnie nadstawiajcie ucha,
o pilni, o zdumieni, o zasłuchani śmiertelni,
słuchajcie — słuchający — zamienieni w słuch —

THE CLASSIC

A few clods of dirt, and his life will be forgotten.
The music will break free from circumstance.
No more coughing of the maestro over minuets.
Poultices will be torn off.
Fire will consume the dusty, lice-ridden wig.
Ink spots will vanish from the lace cuff.
The shoes, inconvenient witnesses, will be tossed on the trash heap.
The least gifted of his pupils will get the violin.
Butchers' bills will be removed from between the music sheets.
His poor mother's letters will line the stomachs of mice.
The ill-fated love will fade away.
Eyes will stop shedding tears.
The neighbors' daughter will find a use for the pink ribbon.
The age, thank God, isn't Romantic yet.
Everything that's not a quartet
will become a forgettable fifth.
Everything that's not a quintet
will become a superfluous sixth.
Everything that's not a choir made of forty angels
will fall silent, reduced to barking dogs, a gendarme's belch.
The aloe plant will be taken from the window
along with a dish of fly poison and the pomade pot,
and the view of the garden (oh yes!) will be revealed —
the garden that was never here.
Now hark! ye mortals, listen, listen now,
take heed, in rapt amazement,
O rapt, O stunned, O heedful mortals, listen,
O listeners — now listen — be all ears —

POCHWAŁA SNÓW

We śnie
maluję jak Vermeer van Delft.

Rozmawiam biegle po grecku
i nie tylko z żywymi.

Prowadzę samochód,
który jest mi posłuszny.

Jestem zdolna,
piszę wielkie poematy.

Słyszę głosy
nie gorzej niż poważni święci.

Bylibyście zdumieni
świetnością mojej gry na fortepianie.

Fruwam, jak się powinno,
czyli sama z siebie.

Spadając z dachu
umiem spaść miękko w zielone.

Nie jest mi trudno
oddychać pod wodą.

Nie narzekam:
udało mi się odkryć Atlantydę.

Cieszy mnie, że przed śmiercią
zawsze potrafię się zbudzić.

Natychmiast po wybuchu wojny
odwracam się na lepszy bok.

IN PRAISE OF DREAMS

In my dreams
I paint like Vermeer van Delft.

I speak fluent Greek
and not just with the living.

I drive a car
that does what I want it to.

I am gifted
and write mighty epics.

I hear voices
as clearly as any venerable saint.

My brilliance as a pianist
would stun you.

I fly the way we ought to,
i. e., on my own.

Falling from the roof,
I tumble gently to the grass.

I've got no problem
breathing under water.

I can't complain:
I've been able to locate Atlantis.

It's gratifying that I can always
wake up before dying.

As soon as war breaks out,
I roll over on my other side.

Jestem, ale nie muszę
być dzieckiem epoki.

Kilka lat temu
widziałam dwa słońca.

A przedwczoraj pingwina.
Najzupełniej wyraźnie.

I'm a child of my age,
but I don't have to be.

A few years ago
I saw two suns.

And the night before last a penguin,
clear as day.

MIŁOŚĆ SZCZĘŚLIWA

Miłość szczęśliwa. Czy to jest normalne,
czy to poważne, czy to pożyteczne —
co świat ma z dwojga ludzi,
którzy nie widzą świata?

Wywyższeni ku sobie bez żadnej zasługi,
pierwsi lepsi z miliona, ale przekonani,
że tak stać się musiało — w nagrodę za co? za nic;
światło pada znikąd —
dlaczego właśnie na tych, a nie innych?
Czy to obraża sprawiedliwość? Tak.
Czy narusza troskliwie piętrzone zasady,
strąca ze szczytu morał? Narusza i strąca.

Spójrzcie na tych szczęśliwych:
gdyby się chociaż maskowali trochę,
udawali zgnębienie krzepiąc tym przyjaciół!
Słuchajcie, jak się śmieją — obraźliwie.
Jakim językiem mówią — zrozumiałym na pozór.
A te ich ceremonie, ceregiele,
wymyślne obowiązki względem siebie —
wygląda to na zmowę za plecami ludzkości!

Trudno nawet przewidzieć, do czego by doszło,
gdyby ich przykład dał się naśladować.
Na co liczyć by mogły religie, poezje,
o czym by pamiętano, czego zaniechano,
kto by chciał zostać w kręgu.

Miłość szczęśliwa. Czy to jest konieczne?
Takt i rozsądek każą milczeć o niej
jak o skandalu z wysokich sfer Życia.
Wspaniałe dziatki rodzą się bez jej pomocy.

TRUE LOVE

True love. Is it normal,
is it serious, is it practical?
What does the world get from two people
who exist in a world of their own?

Placed on the same pedestal for no good reason,
drawn randomly from millions, but convinced
it had to happen this way — in reward for what? For nothing.
The light descends from nowhere.
Why on these two and not on others?
Doesn't this outrage justice? Yes it does.
Doesn't it disrupt our painstakingly erected principles,
and cast the moral from the peak? Yes on both accounts.

Look at the happy couple.
Couldn't they at least try to hide it,
fake a little depression for their friends' sake!
Listen to them laughing — it's an insult.
The language they use — deceptively clear.
And their little celebrations, rituals,
the elaborate mutual routines —
it's obviously a plot behind the human race's back!

It's hard even to guess how far things might go
if people start to follow their example.
What could religion and poetry count on?
What would be remembered? what renounced?
Who'd want to stay within bounds?

True love. Is it really necessary?
Tact and common sense tell us to pass over it in silence,
like a scandal in Life's highest circles.
Perfectly good children are born without its help.

Przenigdy nie zdołałaby zaludnić ziemi,
zdarza się przecież rzadko.

Niech ludzie nie znający miłości szczęśliwej
twierdzą, że nigdzie nie ma miłości szczęśliwej.

Z tą wiarą lżej im będzie i żyć, i umierać.

It couldn't populate the planet in a million years,
it comes along so rarely.

Let the people who never find true love
keep saying that there's no such thing.

Their faith will make it easier for them to live and die.

POD JEDNĄ GWIAZDKĄ

Przepraszam przypadek, że nazywam go koniecznością.
Przepraszam konieczność, jeśli jednak się mylę.
Niech się nie gniewa szczęście, że biorę je jak swoje.
Niech mi zapomną umarli, że ledwie tlą się w pamięci.
Przepraszam czas za mnogość przeoczonego świata na sekundę.
Przepraszam dawną miłość, że nową uważam za pierwszą.
Wybaczcie mi, dalekie wojny, że noszę kwiaty do domu.
Wybaczcie, otwarte rany, że kłuję się w palec.
Przepraszam wołających z otchłani za płytę z menuetem.
Przepraszam ludzi na dworcach za sen o piątej rano.
Daruj, szczuta nadziejo, że śmieję się czasem.
Darujcie mi, pustynie, że z łyżką wody nie biegnę.
I ty, jastrzębiu, od lat ten sam, w tej samej klatce,
zapatrzony bez ruchu zawsze w ten sam punkt,
odpuść mi, nawet gdybyś był ptakiem wypchanym.
Przepraszam ścięte drzewo za cztery nogi stołowe.
Przepraszam wielkie pytania za małe odpowiedzi.
Prawdo, nie zwracaj na mnie zbyt bacznej uwagi.
Powago, okaż mi wspaniałomyślność.
Ścierp, tajemnico bytu, że wyskubuję nitki z twego trenu.
Nie oskarżaj mnie, duszo, że rzadko cię miewam.
Przepraszam wszystko, że nie mogę być wszędzie.
Przepraszam wszystkich, że nie umiem być każdym i każdą.
Wiem, że póki żyję, nic mnie nie usprawiedliwia,
ponieważ sama sobie stoję na przeszkodzie.
Nie miej mi za złe, mowo, że pożyczam patetycznych słów,
a potem trudu dokładam, żeby wydały się lekkie.

UNDER ONE SMALL STAR

My apologies to chance for calling it necessity.
My apologies to necessity if I'm mistaken, after all.
Please, don't be angry, happiness, that I take you as my due.
May my dead be patient with the way my memories fade.
My apologies to time for all the world I overlook each second.
My apologies to past loves for thinking that the latest is the first.
Forgive me, distant wars, for bringing flowers home.
Forgive me, open wounds, for pricking my finger.
I apologize for my record of minuets to those who cry from the depths.
I apologize to those who wait in railway stations for being asleep today
                                                              at five a. m.
Pardon me, hounded hope, for laughing from time to time.
Pardon me, deserts, that I don't rush to you bearing a spoonful of water.
And you, falcon, unchanging year after year, always in the same cage,
your gaze always fixed on the same point in space,
forgive me, even if it turns out you were stuffed.
My apologies to the felled tree for the table's four legs.
My apologies to great questions for small answers.
Truth, please don't pay me much attention.
Dignity, please be magnanimous.
Bear with me, O mystery of existence, as I pluck the occasional thread
                                                     from your train.
Soul, don't take offense that I've only got you now and then.
My apologies to everything that I can't be everywhere at once.
My apologies to everyone that I can't be each woman and each man.
I know I won't be justified as long as I live,
since I myself stand in my own way.
Don't bear me ill will, speech, that I borrow weighty words,
then labor heavily so that they may seem light.

173

WIELKA LICZBA

A LARGE NUMBER

(1976)

WIELKA LICZBA

Cztery miliardy ludzi na tej ziemi,
a moja wyobraźnia jest, jak była.
Źle sobie radzi z wielkimi liczbami.
Ciągle ją jeszcze wzrusza poszczególność.
Fruwa w ciemnościach jak światło latarki,
wyjawia tylko pierwsze z brzegu twarze,
tymczasem reszta w prześlepienie idzie,
w niepomyślenie, w nieodżałowanie.
Ale tego sam Dante nie zatrzymałby.
A cóż dopiero kiedy nie jest się.
I choćby nawet wszystkie muzy do mnie.

Non omnis moriar — przedwczesne strapienie.
Czy jednak cała żyję i czy to wystarcza.
Nie wystarczało nigdy, a tym bardziej teraz.
Wybieram odrzucając, bo nie ma innego sposobu,
ale to, co odrzucam, liczebniejsze jest,
gęstsze jest, natarczywsze jest niż kiedykolwiek.
Kosztem nieopisanych strat — wierszyk, westchnienie.
Na gromkie powołanie odzywam się szeptem.
Ile przemilczam, tego nie wypowiem.
Mysz u podnóża macierzystej góry.
Życie trwa kilka znaków pazurkiem na piasku.

Sny moje — nawet one nie są, jak należałoby, ludne.
Więcej w nich samotności niż tłumów i wrzawy.
Wpadnie czasem na chwilę ktoś dawno umarły.
Klamką porusza pojedyncza ręka.
Obrasta pusty dom przybudówkami echa.
Zbiegam z progu w dolinę
cichą, jakby niczyją, już anachroniczną.

Skąd się jeszcze ta przestrzeń bierze we mnie —
nie wiem.

A LARGE NUMBER

Four billion people on this earth,
but my imagination is still the same.
It's bad with large numbers.
It's still taken by particularity.
It flits in the dark like a flashlight,
illuminating only random faces
while all the rest go blindly by,
never coming to mind and never really missed.
But even a Dante couldn't get it right.
Let alone someone who is not.
Even with all the muses behind me.

Non omnis moriar — a premature worry.
But am I entirely alive and is that enough.
It never was, and now less than ever.
My choices are rejections, since there is no other way,
but what I reject is more numerous,
denser, more demanding than before.
A little poem, a sigh, at the cost of indescribable losses.
I whisper my reply to my stentorian calling.
I can't tell you how much I pass over in silence.
A mouse at the foot of the maternal mountain.
Life lasts as long as a few signs scratched by a claw in the sand.

My dreams — even they're not as populous as they should be.
They hold more solitude than noisy crowds.
Sometimes a long-dead friend stops by awhile.
A single hand turns the knob.
An echo's annexes overgrow the empty house.
I run from the doorstep into a valley
that is quiet, as if no one owned it, already an anachronism.

Why there's still all this space inside me
I don't know.

PODZIĘKOWANIE

Wiele zawdzięczam
tym, których nie kocham.

Ulgę, z jaką się godzę,
że bliżsi są komu innemu.

Radość, że nie ja jestem
wilkiem ich owieczek.

Pokój mi z nimi
i wolność mi z nimi,
a tego miłość ani dać nie może,
ani brać nie potrafi.

Nie czekam na nich
od okna do drzwi.
Cierpliwa
prawie jak słoneczny zegar,
rozumiem,
czego miłość nie rozumie,
wybaczam,
czego miłość nie wybaczyłaby nigdy.

Od spotkania do listu
nie wieczność upływa,
ale po prostu kilka dni albo tygodni.

Podróże z nimi zawsze są udane,
koncerty wysłuchane,
katedry zwiedzone,
krajobrazy wyraźne.

A kiedy nas rozdziela
siedem gór i rzek,

THANK-YOU NOTE

I owe so much
to those I don't love.

The relief as I agree
that someone else needs them more.

The happiness that I'm not
the wolf to their sheep.

The peace I feel with them,
the freedom —
love can neither give
nor take that.

I don't wait for them,
as in window-to-door-and-back.
Almost as patient
as a sundial,
I understand
what love can't,
and forgive
as love never would.

From a rendezvous to a letter
is just a few days or weeks,
not an eternity.

Trips with them always go smoothly,
concerts are heard,
cathedrals visited,
scenery is seen.

And when seven hills and rivers
come between us,

179

są to góry i rzeki
dobrze znane z mapy.

Ich jest zasługą,
jeżeli żyję w trzech wymiarach,
w przestrzeni nielirycznej i nieretorycznej,
z prawdziwym, bo ruchomym horyzontem.

Sami nie wiedzą,
ile niosą w rękach pustych.

„Nic im nie jestem winna" —
powiedziałaby miłość
na ten otwarty temat.

the hills and rivers
can be found on any map.

They deserve the credit
if I live in three dimensions,
in nonlyrical and nonrhetorical space
with a genuine, shifting horizon.

They themselves don't realize
how much they hold in their empty hands.

"I don't owe them a thing,"
would be love's answer
to this open question.

PSALM

O, jakże są nieszczelne granice ludzkich państw!
Ile to chmur nad nimi bezkarnie przepływa,
ile piasków pustynnych przesypuje się z kraju do kraju,
ile górskich kamyków stacza się w cudze włości
w wyzywających podskokach!

Czy muszę tu wymieniać ptaka za ptakiem jak leci,
albo jak właśnie przysiada na opuszczonym szlabanie?
Niechby to nawet był wróbel — a już ma ogon ościenny,
choć dzióbek jeszcze tutejszy. W dodatku — ależ się wierci!

Z nieprzeliczonych owadów poprzestanę na mrówce,
która pomiędzy lewym a prawym butem strażnika
na pytanie: skąd dokąd — nie poczuwa się do odpowiedzi.

Och, zobaczyć dokładnie cały ten nieład naraz,
na wszystkich kontynentach!
Bo czy to nie liguster z przeciwnego brzegu
przemyca poprzez rzekę stutysięczny listek?
Bo kto, jeśli nie mątwa zuchwale długoramienna,
narusza świętą strefę wód terytorialnych?

Czy można w ogóle mówić o jakim takim porządku,
jeżeli nawet gwiazd nie da się porozsuwać,
żeby było wiadomo, która komu świeci?

I jeszcze to naganne rozpościeranie się mgły!
I pylenie się stepu na całej przestrzeni,
jak gdyby nie był wcale w pół przecięty!
I rozleganie się głosów na usłużnych falach powietrza:
przywoływawczych pisków i znaczących bulgotów!

Tylko co ludzkie potrafi być prawdziwie obce.
Reszta to lasy mieszane, krecia robota i wiatr.

PSALM

Oh, the leaky boundaries of man-made states!
How many clouds float past them with impunity;
how much desert sand shifts from one land to another;
how many mountain pebbles tumble onto foreign soil
in provocative hops!

Need I mention every single bird that flies in the face of frontiers
or alights on the roadblock at the border?
A humble robin — still, its tail resides abroad
while its beak stays home. If that weren't enough, it won't stop bobbing!

Among innumerable insects, I'll single out only the ant
between the border guard's left and right boots
blithely ignoring the questions "Where from?" and "Where to?"

Oh, to register in detail, at a glance, the chaos
prevailing on every continent!
Isn't that a privet on the far bank
smuggling its hundred-thousandth leaf across the river?
And who but the octopus, with impudent long arms,
would disrupt the sacred bounds of territorial waters?

And how can we talk of order over-all
when the very placement of the stars
leaves us doubting just what shines for whom?

Not to speak of the fog's reprehensible drifting!
And dust blowing all over the steppes
as if they hadn't been partitioned!
And the voices coasting on obliging airwaves,
that conspiratorial squeaking, those indecipherable mutters!

Only what is human can truly be foreign.
The rest is mixed vegetation, subversive moles, and wind.

ŻONA LOTA

Obejrzałam się podobno z ciekawości.
Ale prócz ciekawości mogłam mieć inne powody.
Obejrzałam się z żalu za miską ze srebra.
Przez nieuwagę — wiążąc rzemyk u sandała.
Aby nie patrzeć dłużej w sprawiedliwy kark
męża mojego, Lota.
Z nagłej pewności, że gdybym umarła,
nawet by nie przystanął.
Z nieposłuszeństwa pokornych.
W nasłuchiwaniu pogoni.
Tknięta ciszą, w nadziei, że Bóg się rozmyślił.
Dwie nasze córki znikały już za szczytem wzgórza.
Poczułam w sobie starość. Oddalenie.
Czczość wędrowania. Senność.
Obejrzałam się kładąc na ziemi tobołek.
Obejrzałam się z trwogi, gdzie uczynić krok.
Na mojej ścieżce zjawiły się węże,
pająki, myszy polne i pisklęta sępów.
Już ani dobre, ani złe — po prostu wszystko, co żyło,
pełzało i skakało w gromadnym popłochu.
Obejrzałam się z osamotnienia.
Ze wstydu, że uciekam chyłkiem.
Z chęci krzyku, powrotu.
Albo wtedy dopiero, gdy zerwał się wiatr,
rozwiązał włosy moje i suknię zadarł do góry.
Miałam wrażenie, że widzą to z murów Sodomy
i wybuchają gromkim śmiechem, raz i jeszcze raz.
Obejrzałam się z gniewu.
Aby nasycić się ich wielką zgubą.
Obejrzałam się z wszystkich podanych wyżej powodów.
Obejrzałam się bez własnej woli.
To tylko głaz obrócił się, warcząc pode mną.
To szczelina raptownie odcięła mi drogę.
Na brzegu dreptał chomik wspięty na dwóch łapkach.

LOT'S WIFE

They say I looked back out of curiosity.
But I could have had other reasons.
I looked back mourning my silver bowl.
Carelessly, while tying my sandal strap.
So I wouldn't have to keep staring at the righteous nape
of my husband Lot's neck.
From the sudden conviction that if I dropped dead
he wouldn't so much as hesitate.
From the disobedience of the meek.
Checking for pursuers.
Struck by the silence, hoping God had changed his mind.
Our two daughters were already vanishing over the hilltop.
I felt age within me. Distance.
The futility of wandering. Torpor.
I looked back setting my bundle down.
I looked back not knowing where to set my foot.
Serpents appeared on my path,
spiders, field mice, baby vultures.
They were neither good nor evil now — every living thing
was simply creeping or hopping along in the mass panic.
I looked back in desolation.
In shame because we had stolen away.
Wanting to cry out, to go home.
Or only when a sudden gust of wind
unbound my hair and lifted up my robe.
It seemed to me that they were watching from the walls of Sodom
and bursting into thunderous laughter again and again.
I looked back in anger.
To savor their terrible fate.
I looked back for all the reasons given above.
I looked back involuntarily.
It was only a rock that turned underfoot, growling at me.
It was a sudden crack that stopped me in my tracks.
A hamster on its hind paws tottered on the edge.

185

I wówczas to oboje spojrzeliśmy wstecz.
Nie, nie. Ja biegłam dalej,
czołgałam się i wzlatywałam,
dopóki ciemność nie runęła z nieba,
a z nią gorący żwir i martwe ptaki.
Z braku tchu wielokrotnie okręcałam się.
Kto mógłby to zobaczyć, myślałby, że tańczę.
Niewykluczone, że oczy miałam otwarte.
Możliwe, że upadłam twarzą zwróconą ku miastu.

It was then we both glanced back.
No, no. I ran on,
I crept, I flew upward
until darkness fell from the heavens
and with it scorching gravel and dead birds.
I couldn't breathe and spun around and around.
Anyone who saw me must have thought I was dancing.
It's not inconceivable that my eyes were open.
It's possible I fell facing the city.

WIDZIANE Z GÓRY

Na polnej drodze leży martwy żuk.
Trzy pary nóżek złożył na brzuchu starannie.
Zamiast bezładu śmierci — schludność i porządek.
Groza tego widoku jest umiarkowana,
zakres ściśle lokalny od perzu do mięty.
Smutek się nie udziela.
Niebo jest błękitne.

Dla naszego spokoju, śmiercią jakby płytszą
nie umierają, ale zdychają zwierzęta
tracąc — chcemy w to wierzyć — mniej czucia i świata,
schodząc — jak nam się zdaje — z mniej tragicznej sceny.
Ich potulne duszyczki nie straszą nas nocą,
szanują dystans,
wiedzą, co to mores.

I oto ten na drodze martwy żuk
w nieopłakanym stanie ku słonku polśniewa.
Wystarczy o nim tyle pomyśleć, co spojrzeć:
wygląda, że nie stało mu się nic ważnego.
Ważne związane jest podobno z nami.
Na życie tylko nasze, naszą tylko śmierć,
śmierć, która wymuszonym cieszy się pierwszeństwem.

SEEN FROM ABOVE

A dead beetle lies on the path through the field.
Three pairs of legs folded neatly on its belly.
Instead of death's confusion, tidiness and order.
The horror of this sight is moderate,
its scope is strictly local, from the wheat grass to the mint.
The grief is quarantined.
The sky is blue.

To preserve our peace of mind, animals die
more shallowly: they aren't deceased, they're dead.
They leave behind, we'd like to think, less feeling and less world,
departing, we suppose, from a stage less tragic.
Their meek souls never haunt us in the dark,
they know their place,
they show respect.

And so the dead beetle on the path
lies unmourned and shining in the sun.
One glance at it will do for meditation —
clearly nothing much has happened to it.
Important matters are reserved for us,
for our life and our death, a death
that always claims the right of way.

EKSPERYMENT

Jako dodatek przed właściwym filmem,
w którym aktorzy robili, co mogli,
żeby mnie wzruszyć, a nawet rozśmieszyć,
wyświetlano ciekawy eksperyment
z głową.

Głowa
przed chwilą jeszcze należała do —
teraz była odcięta,
każdy mógł widzieć, że nie ma tułowia.
Z karku zwisały rurki aparatu,
dzięki któremu krew krążyła nadal.
Głowa
dobrze się miała.

Bez oznak bólu czy choćby zdziwienia
wodziła wzrokiem za ruchem latarki.
Strzygła uszami, kiedy rozlegał się dzwonek.
Wilgotnym nosem umiała rozróżnić
zapach słoniny od bezwonnego niebytu
i oblizując się z wyraźnym smakiem
toczyła ślinę na cześć fizjologii.

Wierna psia głowa,
poczciwa psia głowa,
gdy ją głaskano, przymrużała ślepia
z wiarą, że nadal jest częścią całości,
która ugina pod pieszczotą grzbiet
i wymachuje ogonem.

Pomyślałem o szczęściu i poczułem strach.
Bo gdyby tylko o to w życiu szło,
głowa
była szczęśliwa.

EXPERIMENT

As a short subject before the main feature —
in which the actors did their best
to make me cry and even laugh —
we were shown an interesting experiment
involving a head.

The head
a minute earlier was still attached to...
but now it was cut off.
Everyone could see that it didn't have a body.
The tubes dangling from the neck hooked it up to a machine
that kept its blood circulating.
The head
was doing just fine.

Without showing pain or even surprise,
it followed a moving flashlight with its eyes.
It pricked up its ears at the sound of a bell.
Its moist nose could tell
the smell of bacon from odorless oblivion,
and licking its chops with evident relish
it salivated its salute to physiology.

A dog's faithful head,
a dog's friendly head
squinted its eyes when stroked,
convinced that it was still part of a whole
that crooks its back if patted
and wags its tail.

I thought about happiness and was frightened.
For if that's all life is about,
the head
was happy.

UŚMIECHY

Z większą nadzieją świat patrzy niż słucha.
Mężowie stanu muszą się uśmiechać.
Uśmiech oznacza, że nie tracą ducha.
Choć gra zawiła, interesy sprzeczne,
wynik niepewny — zawsze to pociecha,
gdy uzębienie białe i serdeczne.

Muszą życzliwe pokazywać czoło
na sali obrad i płycie lotniska.
Ruszać się żwawo, wyglądać wesoło.
Ów tego wita, ten owego żegna.
Twarz uśmiechnięta bardzo jest potrzebna
dla obiektywów i dla zbiegowiska.

Stomatologia w służbie dyplomacji
spektakularny gwarantuje skutek.
Kłów dobrej woli i siekaczy zgodnych
nie może braknąć w groźnej sytuacji.
Jeszcze nie mamy czasów tak pogodnych,
żeby na twarzach widniał zwykły smutek.

Ludzkość braterska, zdaniem marzycieli,
zamieni ziemię w krainę uśmiechu.
Wątpię. Mężowie stanu, dajmy na to,
uśmiechać by się tyle nie musieli.
Tylko czasami: że wiosna, że lato,
bez nerwowego skurczu i pośpiechu.
Istota ludzka smutna jest z natury.
Na taką czekam i cieszę się z góry.

SMILES

The world would rather *see* hope than just hear
its song. And that's why statesmen have to smile.
Their pearly whites mean they're still full of cheer.
The game's complex, the goal's far out of reach,
the outcome's still unclear — once in a while,
we need a friendly, gleaming set of teeth.

Heads of state must display unfurrowed brows
on airport runways, in the conference room.
They must embody one big, toothy "Wow!"
while pressing flesh or pressing urgent issues.
Their faces' self-regenerating tissues
make our hearts hum and our lenses zoom.

Dentistry turned to diplomatic skill
promises us a Golden Age tomorrow.
The going's rough, and so we need the laugh
of bright incisors, molars of good will.
Our times are still not safe and sane enough
for faces to show ordinary sorrow.

Dreamers keep saying, "Human brotherhood
will make this place a smiling paradise."
I'm not convinced. The statesman, in that case,
would not require facial exercise,
except from time to time: he's feeling good,
he's glad it's spring, and so he moves his face.
But human beings are, by nature, sad.
So be it, then. It isn't all that bad.

193

TERRORYSTA, ON PATRZY

Bomba wybuchnie w barze trzynasta dwadzieścia.
Teraz mamy dopiero trzynastą szesnaście.
Niektórzy zdążą jeszcze wejść,
niektórzy wyjść.

Terrorysta już przeszedł na drugą stronę ulicy.
Ta odległość go chroni od wszelkiego złego
no i widok jak w kinie:

Kobieta w żółtej kurtce, ona wchodzi.
Mężczyzna w ciemnych okularach, on wychodzi.
Chłopaki w dżinsach, oni rozmawiają.
Trzynasta siedemnaście i cztery sekundy.
Ten niższy to ma szczęście i wsiada na skuter,
a ten wyższy to wchodzi.

Trzynasta siedemnaście i czterdzieści sekund.
Dziewczyna, ona idzie z zieloną wstążką we włosach.
Tylko że ten autobus nagle ją zasłania.
Trzynasta osiemnaście.
Już nie ma dziewczyny.
Czy była taka głupia i weszła, czy nie,
to się zobaczy, jak będą wynosić.

Trzynasta dziewiętnaście.
Nikt jakoś nie wchodzi.
Za to jeszcze wychodzi jeden gruby łysy.
Ale tak, jakby szukał czegoś po kieszeniach i
o trzynastej dwadzieścia bez dziesięciu sekund
on wraca po te swoje marne rękawiczki.

Jest trzynasta dwadzieścia.
Czas, jak on się wlecze.

THE TERRORIST, HE'S WATCHING

The bomb in the bar will explode at thirteen twenty.
Now it's just thirteen sixteen.
There's still time for some to go in,
and some to come out.

The terrorist has already crossed the street.
The distance keeps him out of danger,
and what a view — just like the movies:

A woman in a yellow jacket, she's going in.
A man in dark glasses, he's coming out.
Teen-agers in jeans, they're talking.
Thirteen seventeen and four seconds.
The short one, he's lucky, he's getting on a scooter,
but the tall one, he's going in.

Thirteen seventeen and forty seconds.
That girl, she's walking along with a green ribbon in her hair.
But then a bus suddenly pulls in front of her.
Thirteen eighteen.
The girl's gone.
Was she that dumb, did she go in or not,
we'll see when they carry them out.

Thirteen nineteen.
Somehow no one's going in.
Another guy, fat, bald, is leaving, though.
Wait a second, looks like he's looking for something in his pockets and
at thirteen twenty minus ten seconds
he goes back in for his crummy gloves.

Thirteen twenty exactly.
This waiting, it's taking forever.

195

Już chyba teraz.
Jeszcze nie teraz.
Tak, teraz.
Bomba, ona wybucha.

Any second now.
No, not yet.
Yes, now.
The bomb, it explodes.

MINIATURA ŚREDNIOWIECZNA

Po najzieleńszym wzgórzu,
najkonniejszym orszakiem,
w płaszczach najjedwabniejszych.

Do zamku o siedmiu wieżach,
z których każda najwyższa.

Na przedzie xiążę
najpochlebniej niebrzuchaty,
przy xiążęciu xiężna pani
cudnie młoda, młodziusieńka.

Za nimi kilka dworek
jak malowanie zaiste
i paź najpacholętszy,
a na ramieniu pazia
coś nad wyraz małpiego
z przenajśmieszniejszym pyszczkiem
i ogonkiem.

Zaraz potem trzej rycerze,
a każdy się dwoi, troi,
i jak który z miną gęstą
prędko inny z miną tęgą,
a jak pod kim rumak gniady
to najgniadszy moiściewy,
a wszystkie kopytkami jakoby muskając
stokrotki najprzydrożniejsze.

Kto zasię smutny, strudzony,
z dziurą na łokciu i z zezem,
tego najwyraźniej brak.

Najżadniejszej też kwestii
mieszczańskiej czy kmiecej
pod najlazurowszym niebem.

A MEDIEVAL MINIATURE

Up the verdantest of hills,
in this most equestrian of pageants,
wearing the silkiest of cloaks.

Toward a castle with seven towers,
each of them by far the tallest.

In the foreground, a duke,
most flatteringly unrotund;
by his side, his duchess
young and fair beyond compare.

Behind them, the ladies-in-waiting,
all pretty as pictures, verily,
then a page, the most ladsome of lads,
and perched upon his pagey shoulder
something exceedingly monkeylike,
endowed with the drollest of faces
and tails.

Following close behind, three knights,
all chivalry and rivalry,
so if the first is fearsome of countenance,
the next one strives to be more daunting still,
and if he prances on a bay steed
the third will prance upon a bayer,
and all twelve hooves dance glancingly
atop the most wayside of daisies.

Whereas whosoever is downcast and weary,
cross-eyed and out at elbows,
is most manifestly left out of the scene.

Even the least pressing of questions,
burgherish or peasantish,
cannot survive beneath this most azure of skies.

Szubieniczki nawet tyciej
dla najsokolszego oka
i nic nie rzuca cienia wątpliwości.

Tak sobie przemile jadą
w tym realizmie najfeudalniejszym.

Onże wszelako dbał o równowagę:
piekło dla nich szykował na drugim obrazku.
Och, to się rozumiało
arcysamo przez się.

And not even the eaglest of eyes
could spy even the tiniest of gallows —
nothing casts the slightest shadow of a doubt.

Thus they proceed most pleasantly
through this feudalest of realisms.

This same, however, has seen to the scene's balance:
it has given them their Hell in the next frame.
Oh yes, all that went without
even the silentest of sayings.

STARY ŚPIEWAK

„On dzisiaj śpiewa tak: trala tra la.
A ja śpiewałem tak: trala tra la.
Słyszy pani różnicę?
I zamiast stanąć tu, on staje tu
i patrzy tam, nie tam,
choć stamtąd, a nie stamtąd
wbiegała, nie jak teraz pampa rampa pam,
ale całkiem po prostu pampa rampa pam,
niezapomniana Tschubeck-Bombonieri,
tylko że
kto ją pamięta —"

AGING OPERA SINGER

"Today he sings this way: tralala tra la.
But I sung it like this: tralala tra la.
Do you hear the difference?
And instead of standing here, he stands here
and looks this way, not this way,
although she comes flying in from over there,
not over there, and not like today rampa pampa pam,
but quite simply rampa pampa pam,
the unforgettable Tschubeck-Bombonieri,
only
who remembers her now —"

POCHWAŁA SIOSTRY

Moja siostra nie pisze wierszy
i chyba już nie zacznie nagle pisać wierszy.
Ma to po matce, która nie pisała wierszy,
oraz po ojcu, który też nie pisał wierszy.
Pod dachem mojej siostry czuję się bezpieczna:
mąż siostry za nic w świecie nie pisałby wierszy.
I choć to brzmi jak utwór Adama Macedońskiego,
nikt z krewnych nie zajmuje się pisaniem wierszy.

W szufladach mojej siostry nie ma dawnych wierszy
ani w torebce napisanych świeżo.
A kiedy siostra zaprasza na obiad,
to wiem, że nie w zamiarze czytania mi wierszy.
Jej zupy są wyborne bez premedytacji,
a kawa nie rozlewa się na rękopisy.

W wielu rodzinach nikt nie pisze wierszy,
ale jak już — to rzadko jedna tylko osoba.
Czasem poezja spływa kaskadami pokoleń,
co stwarza groźne wiry w uczuciach wzajemnych.

Moja siostra uprawia niezłą prozę mówioną,
a całe jej pisarstwo to widokówki z urlopu,
z tekstem obiecującym to samo każdego roku:
że jak wróci,
to wszystko
wszystko
wszystko opowie.

IN PRAISE OF MY SISTER

My sister doesn't write poems,
and it's unlikely that she'll suddenly start writing poems.
She takes after her mother, who didn't write poems,
and also her father, who likewise didn't write poems.
I feel safe beneath my sister's roof:
my sister's husband would rather die than write poems.
And, even though this is starting to sound as repetitive as Peter Piper,
the truth is, none of my relatives write poems.

My sister's desk drawers don't hold old poems,
and her handbag doesn't hold new ones.
When my sister asks me over for lunch,
I know she doesn't want to read me her poems.
Her soups are delicious without ulterior motives.
Her coffee doesn't spill on manuscripts.

There are many families in which nobody writes poems,
but once it starts up it's hard to quarantine.
Sometimes poetry cascades down through the generations,
creating fatal whirlpools where family love may founder.

My sister has tackled oral prose with some success,
but her entire written opus consists of postcards from vacations
whose text is only the same promise every year:
when she gets back, she'll have
so much
much
much to tell.

PUSTELNIA

Myślałaś, że pustelnik mieszka na pustyni,
a on w domku z ogródkiem
w wesołym lasku brzozowym,
10 minut od szosy,
ścieżką oznakowaną.

Nie musisz go podglądać z dala przez lornetkę,
możesz go widzieć, słyszeć całkiem z bliska,
jak cierpliwie wyjaśnia wycieczce z Wieliczki,
dlaczego wybrał surową samotność.

Ma bury habit,
długą siwą brodę,
rumiane liczko
i oczy niebieskie.
Chętnie zastyga na tle krzaka róż
do kolorowej fotografii.

Robi ją właśnie Stanley Kowalik z Chicago.
Po wywołaniu obiecuje przysłać.

Tymczasem małomówna staruszka z Bydgoszczy,
której nikt nie odwiedza oprócz inkasentów,
wpisuje się do księgi pamiątkowej:
Bogu niech będą dzięki,
że pozwolił mi
zobaczyć w życiu prawdziwego pustelnika.

Młodzież wpisuje się nożem na drzewach:
Spiritualsi 75 Zbiórka na dole.

Tylko co z Barim, gdzie się podział Bari.
Bari leży pod ławką i udaje wilka.

HERMITAGE

You expected a hermit to live in the wilderness,
but he has a little house and a garden,
surrounded by cheerful birch groves,
ten minutes off the highway.
Just follow the signs.

You don't have to gaze at him through binoculars from afar.
You can see and hear him right up close,
while he's patiently explaining to a tour group from Wieliczka
why he's chosen strict isolation.

He wears a grayish habit,
and he has a long white beard,
cheeks pink as a baby's,
and bright-blue eyes.
He'll gladly pose before the rosebush
for color photographs.

His picture is being taken by one Stanley Kowalik of Chicago
who promises prints once they're developed.

Meanwhile a tight-lipped old lady from Bydgoszcz
whom no one visits but the meter reader
is writing in the guestbook:
"God be praised
for letting me
see a genuine hermit before I die."

Teen-agers write, too, using knives on trees:
"The Spirituals of 75 — meeting down below."

But what's Spot up to, where has Spot gone?
He's underneath the bench pretending he's a wolf.

RECENZJA Z NIE NAPISANEGO WIERSZA

W pierwszych słowach utworu
autorka stwierdza, że Ziemia jest mała,
niebo natomiast duże do przesady,
a gwiazd, cytuję: „więcej w nim niż trzeba".

W opisie nieba czuć pewną bezradność,
autorka gubi się w strasznym przestworze,
uderza ją martwota wielu planet
i wkrótce w jej umyśle (dodajmy: nieścisłym)
zaczyna rodzić się pytanie,
czy aby jednak nie jesteśmy sami
pod słońcem, pod wszystkimi na świecie słońcami?

Na przekór rachunkowi prawdopodobieństwa!
I powszechnemu dzisiaj przekonaniu!
Wbrew niezbitym dowodom, które lada dzień
mogą wpaść w ludzkie ręce! Ach, poezja.

Tymczasem nasza wieszczka powraca na Ziemię,
planetę, która może „toczy się bez świadków",
jedyną „science fiction, na jaką stać kosmos".
Rozpacz Pascala (1623–1662, przyp. nasz)
wydaje się autorce nie mieć konkurencji
na żadnej Andromedzie ani Kasjopei.
Wyłączność wyolbrzymia i zobowiązuje,
wyłania się więc problem jak żyć et caetera,
albowiem „pustka tego za nas nie rozstrzygnie".
„Mój Boże, woła człowiek do Samego Siebie,
ulituj się nade mną, oświeć mnie"...

Autorkę gnębi myśl o życiu trwonionym tak lekko,
jakby go było w zapasie bez dna.
O wojnach, które — jej przekornym zdaniem —
przegrywane są zawsze po obydwu stronach.

EVALUATION OF AN UNWRITTEN POEM

In the poem's opening words
the authoress asserts that while the Earth is small,
the sky is excessively large and
in it there are, I quote, "too many stars for our own good."

In her depiction of the sky, one detects a certain helplessness,
the authoress is lost in a terrifying expanse,
she is startled by the planets' lifelessness,
and within her mind (which can only be called imprecise)
a question soon arises:
whether we are, in the end, alone
under the sun, all suns that ever shone.

In spite of all the laws of probability!
And today's universally accepted assumptions!
In the face of the irrefutable evidence that may fall
into human hands any day now! That's poetry for you.

Meanwhile, our Lady Bard returns to Earth,
a planet, so she claims, which "makes its rounds without eyewitnesses,"
the only "science fiction that our cosmos can afford."
The despair of a Pascal (1623-1662, *note mine*)
is, the authoress implies, unrivalled
on any, say, Andromeda or Cassiopeia.
Our solitary existence exacerbates our sense of obligation,
and raises the inevitable question, How are we to live et cetera?,
since "we can't avoid the void."
"'My God,' man calls out to Himself,
'have mercy on me, I beseech thee, show me the way...'"

The authoress is distressed by the thought of life squandered so freely,
as if our supplies were boundless.
She is likewise worried by wars, which are, in her perverse opinion,
always lost on both sides,

209

O „państwieniu się" (sic!) ludzi nad ludźmi.
Przez utwór prześwituje intencja moralna.
Pod mniej naiwnym piórem rozbłysłaby może.

Niestety, cóż. Ta z gruntu ryzykowna teza
(czy aby jednak nie jesteśmy sami
pod słońcem, pod wszystkimi na świecie słońcami)
i rozwinięcie jej w niefrasobliwym stylu
(mieszanina wzniosłości z mową pospolitą)
sprawiają, że któż temu wiarę da?
Z pewnością nikt. No właśnie.

and by the "authoritorture" (*sic!*) of some people by others.
Her moralistic intentions glimmer throughout the poem.
They might shine brighter beneath a less naive pen.

Not under this one, alas. Her fundamentally unpersuasive thesis
(that we may well be, in the end, alone
under the sun, all suns that ever shone)
combined with her lackadaisical style (a mixture
of lofty rhetoric and ordinary speech)
forces the question: Whom might this piece convince?
The answer can only be: No one. *Q. E. D.*

OSTRZEŻENIE

Nie bierzcie w kosmos kpiarzy,
dobrze radzę.

Czternaście martwych planet,
kilka komet, dwie gwiazdy,
a już w drodze na trzecią
kpiarze stracą humor.

Kosmos jest jaki jest,
to znaczy doskonały.
Kpiarze mu tego nigdy nie darują.

Nic ich nie będzie cieszyć:
czas — bo zbyt odwieczny,
piękno — bo nie ma skazy,
powaga — bo nie daje się obrócić w żart.
Wszyscy będą podziwiać,
oni ziewać.

W drodze na czwartą gwiazdę
będzie jeszcze gorzej.
Kwaśne uśmiechy,
zaburzenia snu i równowagi,
głupie rozmowy:
że kruk z serem w dziobie,
że muchy na portrecie Najjaśniejszego Pana
albo małpa w kąpieli
— no tak, to było życie.

Ograniczeni.
Wolą czwartek od nieskończoności.
Prymitywni.
Wolą fałszywą nutę od muzyki sfer.

WARNING

Don't take jesters into outer space,
that's my advice.

Fourteen lifeless planets,
a few comets, two stars.
By the time you take off for the third star,
your jesters will be out of humor.

The cosmos is what it is —
namely, perfect.
Your jesters will never forgive it.

Nothing will make them happy:
not time (too immemorial),
not beauty (no flaws),
not gravity (no use for levity).
While others drop their jaws in awe,
the jesters will just yawn.

En route to the fourth star
things will only get worse.
Curdled smiles,
disrupted sleep and equilibrium,
idle chatter:
Remember that crow with the cheese in its beak,
the fly droppings on His Majesty's portrait,
the monkey in the steaming bath —
now that was living.

Narrow-minded.
They'll take Thursday over infinity any day.
Primitive.
Out of tune suits them better than the music of the spheres.

213

Najlepiej czują się w szczelinach między
praktyką i teorią,
przyczyną i skutkiem,
ale tutaj nie Ziemia i wszystko przylega.

Na trzydziestej planecie
(pod względem pustynności bez zarzutu)
odmówią nawet wychodzenia z kabin,
a to że głowa, a to że palec ich boli.

Taki kłopot i wstyd.
Tyle pieniędzy wyrzuconych w kosmos.

They're happiest in the cracks
between theory and practice,
cause and effect.
But this is Space, not Earth: everything's a perfect fit.

On the thirtieth planet
(with an eye to its impeccable desolation)
they'll refuse even to leave their cubicles:
"My head aches," they'll complain. "I stubbed my toe."

What a waste. What a disgrace.
So much good money lost in outer space.

CEBULA

Co innego cebula.
Ona nie ma wnętrzności.
Jest sobą na wskroś cebula
do stopnia cebuliczności.
Cebulasta na zewnątrz,
cebulowa do rdzenia,
mogłaby wejrzeć w siebie
cebula bez przerażenia.

W nas obczyzna i dzikość
ledwie skórą przykryta,
inferno w nas interny,
anatomia gwałtowna,
a w cebuli cebula,
nie pokrętne jelita.
Ona wielekroć naga,
do głębi itympodobna.

Byt niesprzeczny cebula,
udany cebula twór.
W jednej po prostu druga,
w większej mniejsza zawarta,
a w następnej kolejna,
czyli trzecia i czwarta.
Dośrodkowa fuga.
Echo złożone w chór.

Cebula, to ja rozumiem:
najnadobniejszy brzuch świata.
Sam się aureolami
na własną chwałę oplata.
W nas — tłuszcze, nerwy, żyły,
śluzy i sekretności.
I jest nam odmówiony
idiotyzm doskonałości.

216

THE ONION

The onion, now that's something else.
Its innards don't exist.
Nothing but pure onionhood
fills this devout onionist.
Oniony on the inside,
onionesque it appears.
It follows its own daimonion
without our human tears.

Our skin is just a coverup
for the land where none dare go,
an internal inferno,
the anathema of anatomy.
In an onion there's only onion
from its top to its toe,
onionymous monomania,
unanimous omninudity.

At peace, of a piece,
internally at rest.
Inside it, there's a smaller one
of undiminished worth.
The second holds a third one,
the third contains a fourth.
A centripetal fugue.
Polyphony compressed.

Nature's rotundest tummy,
its greatest success story,
the onion drapes itself in its
own aureoles of glory.
We hold veins, nerves, and fat,
secretions' secret sections.
Not for us such idiotic
onionoid perfections.

POKÓJ SAMOBÓJCY

Myślicie pewnie, że pokój był pusty.
A tam trzy krzesła z mocnym oparciem.
Tam lampa dobra przeciw ciemności.
Biurko, na biurku portfel, gazety.
Budda niefrasobliwy, Jezus frasobliwy.
Siedem słoni na szczęście, a w szufladzie notes.
Myślicie, że tam naszych adresów nie było?

Brakło, myślicie, książek, obrazów i płyt?
A tam pocieszająca trąbka w czarnych rękach.
Saskia z serdecznym kwiatkiem.
Radość iskra bogów.
Odys na półce w życiodajnym śnie
po trudach pieśni piątej.
Moraliści,
nazwiska wypisane złotymi zgłoskami
na pięknie garbowanych grzbietach.
Politycy tuż obok trzymali się prosto.

I nie bez wyjścia, chociażby przez drzwi,
nie bez widoków, chociażby przez okno,
wydawał się ten pokój.
Okulary do spoglądania w dal leżały na parapecie.
Brzęczała jedna mucha, czyli żyła jeszcze.

Myślicie, że przynajmniej list wyjaśniał coś.
A jeżeli wam powiem, że listu nie było —
i tylu nas, przyjaciół, a wszyscy się pomieścili
w pustej kopercie opartej o szklankę.

THE SUICIDE'S ROOM

I'll bet you think the room was empty.
Wrong. There were three chairs with sturdy backs.
A lamp, good for fighting the dark.
A desk, and on the desk a wallet, some newspapers.
A carefree Buddha and a worried Christ.
Seven lucky elephants, a notebook in a drawer.
You think our addresses weren't in it?

No books, no pictures, no records, you guess?
Wrong. A comforting trumpet poised in black hands.
Saskia and her cordial little flower.
Joy the spark of gods.
Odysseus stretched on the shelf in life-giving sleep
after the labors of Book Five.
The moralists
with the golden syllables of their names
inscribed on finely tanned spines.
Next to them, the politicians braced their backs.

No way out? But what about the door?
No prospects? The window had other views.
His glasses
lay on the windowsill.
And one fly buzzed — that is, was still alive.

You think at least the note must tell us something.
But what if I say there was no note —
and he had so many friends, but all of us fit neatly
inside the empty envelope propped up against a cup.

POCHWAŁA ZŁEGO O SOBIE MNIEMANIA

Myszołów nie ma sobie nic do zarzucenia.
Skrupuły obce są czarnej panterze.
Nie wątpią o słuszności czynów swych piranie.
Grzechotnik aprobuje siebie bez zastrzeżeń.

Samokrytyczny szakal nie istnieje.
Szarańcza, aligator, trychina i giez
żyją jak żyją i rade są z tego.

Sto kilogramów waży serce orki,
ale pod innym względem lekkie jest.

Nic bardziej zwierzęcego
niż czyste sumienie
na trzeciej planecie Słońca.

IN PRAISE OF FEELING BAD ABOUT YOURSELF

The buzzard never says it is to blame.
The panther wouldn't know what scruples mean.
When the piranha strikes, it feels no shame.
If snakes had hands, they'd claim their hands were clean.

A jackal doesn't understand remorse.
Lions and lice don't waver in their course.
Why should they, when they know they're right?

Though hearts of killer whales may weigh a ton,
in every other way they're light.

On this third planet of the sun
among the signs of bestiality
a clear conscience is Number One.

NAD STYKSEM

To Styks, duszyczko indywidualna,
Styks, duszyczko zdumiona.
Usłyszysz bas Charona w megafonach,
popchnie cię ku przystani ręka niewidzialna
nimfy, z ziemskiego przepłoszonej lasu
(wszystkie tutaj pracują od pewnego czasu).
W rzęsistych reflektorach ujrzysz każdy szczegół
żelbetonowej cembrowiny brzegu
i setki motorówek zamiast tamtej łódki
ze zbutwiałego przed wiekami drewna.
Ludzkość zwielokrotniła się i to są skutki,
duszyczko moja rzewna.
Z dużą dla krajobrazu szkodą
budynki pospiętrzały się nad wodą.
Bezkolizyjny przewóz dusz
(miliony pasażerów rok po roku)
jest nie do pomyślenia już
bez magazynów, biur i doków.
Hermes, duszyczko malownicza,
przewidzieć musi na parę lat z góry,
jakie gdzie wojny, jakie dyktatury,
a potem łodzie rezerwowe zlicza.
Na drugi brzeg przejedziesz gratis
i tylko przez sentyment do antyku
są tu skarbonki opatrzone w napis:
Uprasza się nie wrzucać nam guzików.
Wsiądziesz w sektorze sigma cztery
do łodzi tau trzydzieści.
W zaduchu innych dusz zmieścisz się, zmieścisz,
konieczność tego chce i komputery.
W Tartarze też ciasnota czeka wielka,
bo nie jest on, jak trzeba, rozciągliwy.

ON THE BANKS OF THE STYX

Dear individual soul, this is the Styx.
The Styx, that's right. Why are you so perplexed?
As soon as Charon reads the prepared text
over the speakers, let the nymphs affix
your name badge and transport you to the banks.
(The nymphs? They fled your woods and joined the ranks
of personnel here.) Floodlights will reveal
piers built of reinforced concrete and steel,
and hovercrafts whose beelike buzz resounds
where Charon used to ply his wooden oar.
Mankind has multiplied, has burst its bounds:
nothing, sweet soul, is as it was before.
Skyscrapers, solid waste, and dirty air:
the scenery's been harmed beyond repair.
Safe and efficient transportation (millions
of souls served here, all races, creeds, and sexes)
requires urban planning: hence pavilions,
warehouses, dry docks, and office complexes.
Among the gods it's Hermes, my dear soul,
who makes all prophecies and estimations
when revolutions and wars take their toll —
our boats, of course, require reservations.
A one-way trip across the Styx is free:
the meters saying, "No Canadian dimes,
no tokens" are left standing, as you see,
but only to remind us of old times.
From Section Thau Four of the Alpha Pier
you're boarding hovercraft Sigma Sixteen —
it's packed with sweating souls, but in the rear
you'll find a seat (I've got it on my screen).
Now Tartarus (let me pull up the file)
is overbooked, too — no way we could stretch it.

223

Spętane ruchy, pogniecione szaty,
w kapsułce Lety niecała kropelka.
Duszyczko, tylko wątpiąc w zaświaty
szersze masz perspektywy.

Cramped, crumpled souls all dying to get out,
one last half drop of Lethe in my phial...
Not faith in the beyond, but only doubt
can make you, sorry soul, a bit less wretched.

UTOPIA

Wyspa, na której wszystko się wyjaśnia.

Tu można stanąć na gruncie dowodów.

Nie ma dróg innych oprócz drogi dojścia.

Krzaki aż uginają się od odpowiedzi.

Rośnie tu drzewo Słusznego Domysłu
o rozwikłanych odwiecznie gałęziach.

Olśniewająco proste drzewo Zrozumienia
przy źródle, co się zwie Ach Więc To Tak.

Im dalej w las, tym szerzej się otwiera
Dolina Oczywistości.

Jeśli jakieś zwątpienie, to wiatr je rozwiewa.

Echo bez wywołania głos zabiera
i wyjaśnia ochoczo tajemnice światów.

W prawo jaskinia, w której leży sens.

W lewo jezioro Głębokiego Przekonania.
Z dna odrywa się prawda i lekko na wierzch wypływa.

Góruje nad doliną Pewność Niewzruszona.
Ze szczytu jej roztacza się Istota Rzeczy.

Mimo powabów wyspa jest bezludna,
a widoczne po brzegach drobne ślady stóp
bez wyjątku zwrócone są w kierunku morza.

UTOPIA

Island where all becomes clear.

Solid ground beneath your feet.

The only roads are those that offer access.

Bushes bend beneath the weight of proofs.

The Tree of Valid Supposition grows here
with branches disentangled since time immemorial.

The Tree of Understanding, dazzlingly straight and simple,
sprouts by the spring called Now I Get It.

The thicker the woods, the vaster the vista:
the Valley of Obviously.

If any doubts arise, the wind dispels them instantly.

Echoes stir unsummoned
and eagerly explain all the secrets of the worlds.

On the right a cave where Meaning lies.

On the left the Lake of Deep Conviction.
Truth breaks from the bottom and bobs to the surface.

Unshakable Confidence towers over the valley.
Its peak offers an excellent view of the Essence of Things.

For all its charms, the island is uninhabited,
and the faint footprints scattered on its beaches
turn without exception to the sea.

227

Jak gdyby tylko odchodzono stąd
i bezpowrotnie zanurzano się w topieli.

W życiu nie do pojęcia.

As if all you can do here is leave
and plunge, never to return, into the depths.

Into unfathomable life.

LICZBA PI

Podziwu godna liczba Pi
trzy koma jeden cztery jeden.
Wszystkie jej dalsze cyfry też są początkowe,
pięć dziewięć dwa, ponieważ nigdy się nie kończy.
Nie pozwala się objąć *sześć pięć trzy pięć* spojrzeniem,
osiem dziewięć obliczeniem,
siedem dziewięć wyobraźnią,
a nawet *trzy dwa trzy osiem* żartem, czyli porównaniem
cztery sześć do czegokolwiek
dwa sześć cztery trzy na świecie.
Najdłuższy ziemski wąż po kilkunastu metrach się urywa.
Podobnie, choć trochę później, czynią węże bajeczne.
Korowód cyfr składających się na liczbę Pi
nie zatrzymuje się na brzegu kartki,
potrafi ciągnąć się po stole, przez powietrze,
przez mur, liść, gniazdo ptasie, chmury, prosto w niebo,
przez całą nieba wzdętość i bezdenność.
O jak krótki, wprost mysi, jest warkocz komety!
Jak wątły promień gwiazdy, że zakrzywia się w lada przestrzeni!
A tu *dwa trzy piętnaście trzysta dziewiętnaście*
mój numer telefonu twój numer koszuli
rok tysiąc dziewięćset siedemdziesiąty trzeci szóste piętro
ilość mieszkańców sześćdziesiąt pięć groszy
obwód w biodrach dwa palce szarada i szyfr,
w którym *słowiczku mój a leć, a piej*
oraz *uprasza się zachować spokój*,
a także *ziemia i niebo przeminą*,
ale nie liczba Pi, co to to nie,
ona wciąż swoje niezłe jeszcze *pięć*,
nie byle jakie *osiem*,
nieostatnie *siedem*,
przynaglając, ach, przynaglając gnuśną wieczność
do trwania.

PI

The admirable number pi:
three point one four one.
All the following digits are also initial,
five nine two because it never ends.
It can't be comprehended *six five three five* at a glance,
eight nine by calculation,
seven nine or imagination,
not even *three two three eight* by wit, that is, by comparison
four six to anything else
two six four three in the world.
The longest snake on earth calls it quits at about forty feet.
Likewise, snakes of myth and legend, though they may hold out a bit longer.
The pageant of digits comprising the number pi
doesn't stop at the page's edge.
It goes on across the table, through the air,
over a wall, a leaf, a bird's nest, clouds, straight into the sky,
through all the bottomless, bloated heavens.
Oh how brief — a mouse tail, a pigtail — is the tail of a comet!
How feeble the star's ray, bent by bumping up against space!
While here we have *two three fifteen three hundred nineteen*
my phone number your shirt size the year
nineteen hundred and seventy-three the sixth floor
the number of inhabitants sixty-five cents
hip measurement two fingers a charade, a code,
in which we find *hail to thee, blithe spirit, bird thou never wert*
alongside *ladies and gentlemen, no cause for alarm,*
as well as *heaven and earth shall pass away,*
but not the number pi, oh no, nothing doing,
it keeps right on with its rather remarkable *five,*
its uncommonly fine *eight,*
its far from final *seven,*
nudging, always nudging a sluggish eternity
to continue.

LUDZIE NA MOŚCIE

THE PEOPLE ON THE BRIDGE

(1986)

TREMA

Poeci i pisarze.
Tak się przecież mówi.
Czyli poeci nie pisarze, tylko kto —

Poeci to poezja, pisarze to proza —

W prozie może być wszystko, również i poezja,
ale w poezji musi być tylko poezja —

Zgodnie z afiszem, który ją ogłasza
przez duże, z secesyjnym zawijasem P,
wpisane w struny uskrzydlonej liry,
powinnam raczej wefrunąć niż wejść —

I czy nie lepiej boso,
niż w tych butach z Chełmka
tupiąc, skrzypiąc
w niezdarnym zastępstwie anioła —

Gdyby chociaż ta suknia dłuższa, powłóczystsza,
a wiersze nie z torebki, ale wprost z rękawa,
od święta, od parady, od wielkiego dzwonu,
od bim do bum,
ab ab ba —

A tam na podium czyha już stoliczek
spirytystyczny jakiś, na złoconych nóżkach,
a na stoliczku kopci się lichtarzyk —

Z czego wniosek,
że będę musiała przy świecach
czytać to, co pisałam przy zwykłej żarówce
stuk stuk stuk na maszynie —

STAGE FRIGHT

Poets and writers.
So the saying goes.
That is poets aren't writers, but who —

Poets are poetry, writers are prose —

Prose can hold anything including poetry,
but in poetry there's only room for poetry —

In keeping with the poster that announces it
with a fin-de-siècle flourish of its giant P
framed in a winged lyre's strings
I shouldn't simply walk in, I should fly —

And wouldn't I be better off barefoot
to escape the clump and squeak
of cut-rate sneakers,
a clumsy ersatz angel —

If at least the dress were longer and more flowing
and the poems appeared not from a handbag but by sleight of hand,
dressed in their Sunday best from head to toe,
with bells on, ding to dong,
ab ab ba —

On the platform lurks a little table
suggesting séances, with gilded legs,
and on the little table smokes a little candlestick —

Which means
I've got to read by candlelight
what I wrote by light of an ordinary bulb
to the typewriter's tap tap tap —

Nie martwiąc się zawczasu,
czy to jest poezja
i jaka to poezja —

Czy taka, w której proza widziana jest źle —
Czy taka, która dobrze jest widziana w prozie —

I co w tym za różnica,
wyraźna już tylko w półmroku
na tle kurtyny bordo
z fioletowymi frędzlami?

Without worrying in advance
if it was poetry
and if so, what kind —

The kind in which prose is inappropriate
or the kind which is apropos in prose —

And what's the difference,
seen now only in half-light
against a crimson curtain's
purple fringe?

NADMIAR

Odkryto nową gwiazdę,
co nie znaczy, że zrobiło się jaśniej
i że przybyło czegoś czego brak.

Gwiazda jest duża i daleka,
tak daleka, że mała,
nawet mniejsza od innych
dużo od niej mniejszych.
Zdziwienie nie byłoby tu niczym dziwnym,
gdybyśmy tylko mieli na nie czas.

Wiek gwiazdy, masa gwiazdy, położenie gwiazdy,
wszystko to starczy może
na jedną pracę doktorską
i skromną lampkę wina
w kołach zbliżonych do nieba:
astronom, jego żona, krewni i koledzy,
nastrój niewymuszony, strój dowolny,
przeważają w rozmowie tematy miejscowe
i gryzie się orzeszki ziemne.

Gwiazda wspaniała,
ale to jeszcze nie powód,
żeby nie wypić zdrowia naszych pań
nieporównanie bliższych.

Gwiazda bez konsekwencji.
Bez wpływu na pogodę, modę, wynik meczu,
zmiany w rządzie, dochody i kryzys wartości.

Bez skutków w propagandzie i przemyśle ciężkim.
Bez odbicia w politurze stołu obrad.
Nadliczbowa dla policzonych dni życia.

SURPLUS

A new star has been discovered,
which doesn't mean that things have gotten brighter
or that something we've been missing has appeared.

The star is large and distant,
so distant that it's small,
even smaller than others
much smaller than it.
Small wonder, then, if we were struck with wonder;
as we would be if only we had the time.

The star's age, mass, location —
all this perhaps will do
for one doctoral dissertation
and a wine-and-cheese reception
in circles close to the sky:
the astronomer, his wife, friends, and relations,
casual, congenial, come as you are
mostly chat on earthbound topics,
surrounded by cozy earthtones.

The star's superb,
but that's no reason
why we can't drink to the ladies
who are incalculably closer.

The star's inconsequential.
It has no impact on the weather, fashion, final score,
government shake-ups, moral crises, take-home pay.

No effect on propaganda or on heavy industry.
It's not reflected in a conference table's shine.
It's supernumerary in the light of life's numbered days.

Po cóż tu pytać,
pod iloma gwiazdami człowiek rodzi się,
a pod iloma po krótkiej chwili umiera.

Nowa.
— Przynajmniej pokaż mi, gdzie ona jest.
— Między brzegiem tej burej postrzępionej chmurki
a tamtą, bardziej w lewo, gałązką akacji.
— Aha — powiadam.

What's the use of asking
under how many stars man is born
and under how many in a moment he will die.

A new one.
"At least show me where it is."
"Between that gray cloud's jagged edge
and the acacia twig over there on the left."
"I see," I say.

ARCHEOLOGIA

No cóż, biedny człowieku,
w mojej dziedzinie dokonał się postęp.
Minęły tysiąclecia,
odkąd nazwałeś mnie archeologią.

Nie są mi już potrzebni
bogowie z kamienia
i ruiny a na nich napisy wyraźne.

Pokaż mi swoje wszystko jedno co,
a powiem ci, kim byłeś.
Jakieś od czegoś denko
i do czegoś wieczko.
Okruch silnika. Szyjkę kineskopu.
Kawałek kabla. Rozsypane palce.
Może być nawet mniej i jeszcze mniej.

Metodą,
której nie mogłeś znać wtedy,
potrafię budzić pamięć
w nieprzeliczonych żywiołach.
Ślady krwi są na zawsze.
Kłamstwo świeci.
Rozlegają się szyfry dokumentów.
Ujawniają się zwątpienia i zamiary.

Jeżeli tylko zechcę,
(bo czy zechcę,
nie powinieneś być do końca pewien),
zajrzę do gardła twojemu milczeniu,
jakie miałeś widoki,
wyczytam ci z oczodołu,
przypomnę ci z drobnymi szczegółami,
na co czekałeś w życiu oprócz śmierci.

ARCHEOLOGY

Well, my poor man,
seems we've made some progress in my field.
Millennia have passed
since you first called me archeology.

I no longer require
your stone gods,
your ruins with legible inscriptions.

Show me your whatever
and I'll tell you who you were.
Something's bottom,
something's top.
A scrap of engine. A picture tube's neck.
An inch of cable. Fingers turned to dust.
Or even less than that, or even less.

Using a method
that you couldn't have known then,
I can stir up memory
in countless elements.
Traces of blood are forever.
Lies shine.
Secret codes resound.
Doubts and intentions come to light.

If I want to
(and you can't be too sure
that I will),
I'll peer down the throat of your silence,
I'll read your views
from the sockets of your eyes,
I'll remind you in infinite detail
of what you expected from life besides death.

243

Pokaż mi swoje nic,
które po tobie zostało,
a złożę z tego las i autostradę,
lotnisko, podłość, czułość
i przepadły dom.

Pokaż mi swój wierszyk,
a powiem ci, czemu
nie powstał ani wcześniej, ani później.

Ach nie, źle mnie rozumiesz.
Zabierz sobie ten śmieszny papier
z literkami.
Mnie wystarczy w tym celu
twoja warstwa ziemi
i od dawna pradawna
zwietrzały swąd spalenizny.

Show me your nothing
that you've left behind
and I'll build from it a forest and a highway,
an airport, baseness, tenderness,
a missing home.

Show me your little poem
and I'll tell you why it wasn't written
any earlier or later than it was.

Oh no, you've got me wrong.
Keep your funny piece of paper
with its scribbles.
All I need for my ends
is your layer of dirt
and the long gone
smell of burning.

WIDOK Z ZIARNKIEM PIASKU

Zwiemy je ziarnkiem piasku.
A ono siebie ani ziarnkiem, ani piasku.
Obywa się bez nazwy
ogólnej, szczególnej,
przelotnej, trwałej,
mylnej czy właściwej.

Na nic mu nasze spojrzenie, dotknięcie.
Nie czuje się ujrzane i dotknięte.
A to, że spadło na parapet okna,
to tylko nasza, nie jego przygoda.
Dla niego to to samo, co spaść na cokolwiek,
bez pewności, czy spadło już,
czy spada jeszcze.

Z okna jest piękny widok na jezioro,
ale ten widok sam siebie nie widzi.
Bezbarwnie i bezkształtnie,
bezgłośnie, bezwonnie
i bezboleśnie jest mu na tym świecie.

Bezdennie dnu jeziora
i bezbrzeżnie brzegom.
Nie mokro ani sucho jego wodzie.
Nie pojedynczo ani mnogo falom,
co szumią głuche na swój własny szum
wokół nie małych, nie dużych kamieni.

A wszystko to pod niebem z natury bezniebnym,
w którym zachodzi słońce nie zachodząc wcale
i kryje się nie kryjąc za bezwiedną chmurę.
Targa nią wiatr bez żadnych innych powodów,
jak tylko ten, że wieje.

VIEW WITH A GRAIN OF SAND

We call it a grain of sand,
but it calls itself neither grain nor sand.
It does just fine without a name,
whether general, particular,
permanent, passing,
incorrect, or apt.

Our glance, our touch mean nothing to it.
It doesn't feel itself seen and touched.
And that it fell on the windowsill
is only our experience, not its.
For it, it is no different from falling on anything else
with no assurance that it has finished falling
or that it is falling still.

The window has a wonderful view of a lake,
but the view doesn't view itself.
It exists in this world
colorless, shapeless,
soundless, odorless, and painless.

The lake's floor exists floorlessly,
and its shore exists shorelessly.
Its water feels itself neither wet nor dry
and its waves to themselves are neither singular nor plural.
They splash deaf to their own noise
on pebbles neither large nor small.

And all this beneath a sky by nature skyless
in which the sun sets without setting at all
and hides without hiding behind an unminding cloud.
The wind ruffles it, its only reason being
that it blows.

Mija jedna sekunda.
Druga sekunda.
Trzecia sekunda.
Ale to tylko nasze trzy sekundy.

Czas przebiegł jak posłaniec z pilną wiadomością.
Ale to tylko nasze porównanie.
Zmyślona postać, wmówiony jej pośpiech,
a wiadomość nieludzka.

A second passes.
A second second.
A third.
But they're three seconds only for us.

Time has passed like a courier with urgent news.
But that's just our simile.
The character is invented, his haste is make-believe,
his news inhuman.

ODZIEŻ

Zdejmujesz, zdejmujemy, zdejmujecie
płaszcze, żakiety, marynarki, bluzki
z wełny, bawełny, elanobawełny,
spódnice, spodnie, skarpetki, bieliznę,
kładąc, wieszając, przerzucając przez
oparcia krzeseł, skrzydła parawanów;
na razie, mówi lekarz, to nic poważnego,
proszę się ubrać, odpocząć, wyjechać,
zażywać w razie gdyby, przed snem, po jedzeniu,
pokazać się za kwartał, za rok, za półtora;
widzisz, a ty myślałeś, a myśmy się bali,
a wyście przypuszczali, a on podejrzewał;
czas już wiązać, zapinać drżącymi jeszcze rękami
sznurowadła, zatrzaski, suwaki, klamerki,
paski, guziki, krawaty, kołnierze
i wyciągać z rękawów, z torebek, z kieszeni
wymięty, w kropki, w paski, w kwiatki, w kratkę szalik
o przedłużonej nagle przydatności.

CLOTHES

You take off, we take off, they take off
coats, jackets, blouses, double-breasted suits,
made of wool, cotton, cotton-polyester,
skirts, shirts, underwear, slacks, slips, socks,
putting, hanging, tossing them across
the backs of chairs, the wings of metal screens;
for now, the doctor says, it's not too bad,
you may get dressed, get rested up, get out of town,
take one in case, at bedtime, after lunch,
show up in a couple of months, next spring, next year;
you see, and you thought, and we were afraid that,
and he imagined, and you all believed;
it's time to tie, to fasten with shaking hands
shoelaces, buckles, velcro, zippers, snaps,
belts, buttons, cuff links, collars, neckties, clasps
and to pull out of handbags, pockets, sleeves
a crumpled, dotted, flowered, checkered scarf
whose usefulness has suddenly been prolonged.

O ŚMIERCI BEZ PRZESADY

Nie zna się na żartach,
na gwiazdach, na mostach,
na tkactwie, na górnictwie, na uprawie roli,
na budowie okrętów i pieczeniu ciasta.

W nasze rozmowy o planach na jutro
wtrąca swoje ostatnie słowo
nie na temat.

Nie umie nawet tego,
co bezpośrednio łączy się z jej fachem:
ani grobu wykopać,
ani trumny sklecić,
ani sprzątnąć po sobie.

Zajęta zabijaniem,
robi to niezdarnie,
bez systemu i wprawy.
Jakby na każdym z nas uczyła się dopiero.

Tryumfy tryumfami,
ale ileż klęsk,
ciosów chybionych
i prób podejmowanych od nowa!

Czasami brak jej siły,
żeby strącić muchę z powietrza.
Z niejedną gąsienicą
przegrywa wyścig w pełzaniu.

Te wszystkie bulwy, strąki,
czułki, płetwy, tchawki,
pióra godowe i zimowa sierść
świadczą o zaległościach
w jej marudnej pracy.

It can't take a joke,
find a star, make a bridge.
It knows nothing about weaving, mining, farming,
building ships, or baking cakes.

In our planning for tomorrow,
it has the final word,
which is always beside the point.

It can't even get the things done
that are part of its trade:
dig a grave,
make a coffin,
clean up after itself.

Preoccupied with killing,
it does the job awkwardly,
without system or skill.
As though each of us were its first kill.

Oh, it has its triumphs,
but look at its countless defeats,
missed blows,
and repeat attempts!

Sometimes it isn't strong enough
to swat a fly from the air.
Many are the caterpillars
that have outcrawled it.

All those bulbs, pods,
tentacles, fins, tracheae,
nuptial plumage, and winter fur
show that it has fallen behind
with its halfhearted work.

Zła wola nie wystarcza
i nawet nasza pomoc w wojnach i przewrotach,
to, jak dotąd, za mało.

Serca stukają w jajkach.
Rosną szkielety niemowląt.
Nasiona dorabiają się dwóch pierwszych listków,
a często i wysokich drzew na horyzoncie.

Kto twierdzi, że jest wszechmocna,
sam jest żywym dowodem,
że wszechmocna nie jest.

Nie ma takiego życia,
które by choć przez chwilę
nie było nieśmiertelne.

Śmierć
zawsze o tę chwilę przybywa spóźniona.

Na próżno szarpie klamką
niewidzialnych drzwi.
Kto ile zdążył,
tego mu cofnąć nie może.

Ill will won't help
and even our lending a hand with wars and coups d'etat
is so far not enough.

Hearts beat inside eggs.
Babies' skeletons grow.
Seeds, hard at work, sprout their first tiny pair of leaves
and sometimes even tall trees far away.

Whoever claims that it's omnipotent
is himself living proof
that it's not.

There's no life
that couldn't be immortal
if only for a moment.

Death
always arrives by that very moment too late.

In vain it tugs at the knob
of the invisible door.
As far as you've come
can't be undone.

255

DOM WIELKIEGO CZŁOWIEKA

Wypisano w marmurze złotymi zgłoskami:
Tu mieszkał i pracował, i zmarł wielki człowiek.
Te ścieżki osobiście posypywał żwirem.
Tę ławkę — nie dotykać — sam wykuł z kamienia.
I — uwaga, trzy schodki — wchodzimy do wnętrza.

Jeszcze w stosownym czasie zdążył przyjść na świat.
Wszystko, co miało mijać, minęło w tym domu.
Nie w blokach,
nie w metrażach umeblowanych a pustych,
wśród nieznanych sąsiadów,
na piętnastych piętrach,
dokąd trudno by było wlec wycieczki szkolne.

W tym pokoju rozmyślał,
w tej alkowie spał,
a tu przyjmował gości.
Portrety, fotel, biurko, fajka, globus, flet,
wydeptany dywanik, oszklona weranda.
Stąd wymieniał ukłony z krawcem albo szewcem,
co szyli mu na miarę.

To nie to samo, co fotografie w pudełkach,
zeschnięte długopisy w plastykowym kubku,
konfekcja z magazynu w szafie z magazynu,
okno, skąd lepiej widzi się chmury niż ludzi.

Szczęśliwy? Nieszczęśliwy?
Nie o to tu chodzi.
Jeszcze zwierzał się w listach,
bez myśli, że po drodze zostaną otwarte.
Prowadził jeszcze dziennik dokładny i szczery,
bez lęku, że go straci przy rewizji.
Najbardziej niepokoił go przelot komety.
Zagłada świata była tylko w rękach Boga.

THE GREAT MAN'S HOUSE

The marble tells us in golden syllables:
Here the great man lived, and worked, and died.
Here are the garden paths where he personally scattered the gravel.
Here's the bench — don't touch — he hewed the stone himself.
And here — watch the steps — we enter the house.

He managed to come into the world at what was still a fitting time.
All that was to pass passed in this house.
Not in housing projects,
not in furnished but empty quarters,
among unknown neighbors,
on fifteenth floors
that student field trips rarely reach.

In this room he thought,
in this alcove he slept,
and here he entertained his guests.
Portraits, armchair, desk, pipe, globe,
flute, well-worn carpet, glassed-in porch.
Here he exchanged bows with the tailor and shoemaker
who made his coats and boots to order.

It's not the same as photographs in boxes,
dried-out ballpoint pens in plastic cups,
store-bought clothes in store-bought closets,
a window that looks out on clouds, not passers-by.

Was he happy? Sad?
That's not the point.
He still made confessions in letters
without thinking they'd be opened en route.
He still kept a careful, candid diary
knowing it wouldn't be seized in a search.
The thing that most frightened him was a comet's flight.
The world's doom lay then in God's hands alone.

257

Udało mu się umrzeć jeszcze nie w szpitalu,
za białym parawanem nie wiadomo którym.
Był jeszcze przy nim ktoś, kto zapamiętał
wymamrotane słowa.

Jakby przypadło mu w udziale życie
wielokrotnego użytku:
książki słał do oprawy,
nie wykreślał z notesu nazwisk osób zmarłych.
A drzewa, które sadził w ogrodzie za domem,
rosły mu jeszcze jako juglans regia
i quercus rubra i ulmus i larix
i fraxinus excelsior.

He was lucky enough to die not in a hospital,
not behind some white, anonymous screen.
There was still someone there at his bedside to memorize
his mumbled words.

As if he had been given
a reusable life:
he sent out books to be bound,
he didn't strike the names of the dead from his ledgers.
And the trees that he planted in the garden by his house
still grew for him as *juglans regia*,
and *quercus rubra*, and *ulmus*, and *larix*,
and *fraxinus excelsior*.

W BIAŁY DZIEŃ

Do pensjonatu w górach jeździłby,
na obiad do jadalni schodziłby,
na cztery świerki z gałęzi na gałąź,
nie otrząsając z nich świeżego śniegu,
zza stolika pod oknem patrzyłby.

Z bródką przyciętą w szpic,
łysawy, siwiejący, w okularach,
o pogrubiałych i znużonych rysach twarzy,
z brodawką na policzku i fałdzistym czołem,
jakby anielski marmur oblepiła glina —
a kiedy to się stało, sam nie wiedziałby,
bo przecież nie gwałtownie, ale pomalutku
zwyżkuje cena za to, że się nie umarło wcześniej,
i również on tę cenę płaciłby.
O chrząstce ucha, ledwie draśniętej pociskiem
— gdy głowa uchyliła się w ostatniej chwili —
„cholerne miałem szczęście" mawiałby.

Czekając, aż podadzą rosół z makaronem,
dziennik z bieżącą datą czytałby,
wielkie tytuły, ogłoszenia drobne,
albo bębnił palcami po białym obrusie,
a miałby już od dawna używane dłonie
o spierzchłej skórze i wypukłych żyłach.

Czasami ktoś od progu wołałby:
„panie Baczyński, telefon do pana" —
i nic dziwnego w tym nie byłoby,

IN BROAD DAYLIGHT

                    He would
vacation in a mountain boarding house, he would
come down for lunch, from his
table by the window he would
scan the four spruces, branch to branch,
without shaking off the freshly fallen snow.

Goateed, balding,
gray-haired, in glasses,
with coarsened, weary features,
with a wart on his cheek and a furrowed forehead,
as if clay had covered up the angelic marble — he wouldn't
know himself when it all happened.
The price, after all, for not having died already
goes up not in leaps but step by step, and he would
pay that price, too.
About his ear, just grazed by the bullet
when he ducked at the last minute, he would
say: "I was damned lucky."

While waiting to be served his noodle soup, he would
read a paper with the current date,
giant headlines, the tiny print of ads,
or drum his fingers on the white tablecloth, and his hands would
have been used a long time now,
with their chapped skin and swollen veins.

Sometimes someone would
yell from the doorway: "Mr. Baczyński,* phone call for you" —
and there'd be nothing strange about that

---

* Krzysztof Kamil Baczyński, an enormously gifted poet of the "war generation," was killed
as a Home Army fighter in the Warsaw Uprising of 1944 at the age of twenty-three
(*translators' note*).

że to on i że wstaje obciągając sweter
i bez pośpiechu rusza w stronę drzwi.

Rozmów na widok ten nie przerywano by,
w pół gestu i w pół tchu nie zastygano by,
bo zwykłe to zdarzenie — a szkoda, a szkoda —
jako zwykłe zdarzenie traktowano by.

being him, about him standing up, straightening his sweater,
and slowly moving toward the door.

At this sight no one would
stop talking, no one would
freeze in mid-gesture, mid-breath
because this commonplace event would
be treated — such a pity —
as a commonplace event.

KRÓTKIE ŻYCIE NASZYCH PRZODKÓW

Niewielu dożywało lat trzydziestu.
Starość to był przywilej kamieni i drzew.
Dzieciństwo trwało tyle co szczenięctwo wilków.
Należało się śpieszyć, zdążyć z życiem
nim słońce zajdzie,
nim pierwszy śnieg spadnie.

Trzynastoletnie rodzicielki dzieci,
czteroletni tropiciele ptasich gniazd w sitowiu,
dwudziestoletni przewodnicy łowów —
dopiero ich nie było, już ich nie ma.
Końce nieskończoności zrastały się szybko.
Wiedźmy żuły zaklęcia
wszystkimi jeszcze zębami młodości.
Pod okiem ojca mężniał syn.
Pod oczodołem dziadka wnuk się rodził.

A zresztą nie liczyli sobie lat.
Liczyli sieci, garnki, szałasy, topory.
Czas, taki hojny dla byle gwiazdy na niebie,
wyciągał do nich rękę prawie pustą
i szybko cofał ją, jakby mu było szkoda.
Jeszcze krok, jeszcze dwa
wzdłuż połyskliwej rzeki,
co z ciemności wypływa i w ciemności znika.

Nie było ani chwili do stracenia,
pytań do odłożenia i późnych objawień,
o ile nie zostały zawczasu doznane.
Mądrość nie mogła czekać siwych włosów.
Musiała widzieć jasno, nim stanie się jasność,
i wszelki głos usłyszeć, zanim się rozlegnie.
Dobro i zło —
wiedzieli o nim mało, ale wszystko:

OUR ANCESTORS' SHORT LIVES

Few of them made it to thirty.
Old age was the privilege of rocks and trees.
Childhood ended as fast as wolf cubs grow.
One had to hurry, to get on with life
before the sun went down,
before the first snow.

Thirteen-year-olds bearing children,
four-year-olds stalking birds' nests in the rushes,
leading the hunt at twenty —
they aren't yet, then they are gone.
Infinity's ends fused quickly.
Witches chewed charms
with all the teeth of youth intact.
A son grew to manhood beneath his father's eye.
Beneath the grandfather's blank sockets the grandson was born.

And anyway they didn't count the years.
They counted nets, pods, sheds, and axes.
Time, so generous toward any petty star in the sky,
offered them a nearly empty hand
and quickly took it back, as if the effort were too much.
One step more, two steps more
along the glittering river
that sprang from darkness and vanished into darkness.

There wasn't a moment to lose,
no deferred questions, no belated revelations,
just those experienced in time.
Wisdom couldn't wait for gray hair.
It had to see clearly before it saw the light
and to hear every voice before it sounded.
Good and evil —
they knew little of them, but knew all:

kiedy zło tryumfuje, dobro się utaja;
gdy dobro się objawia, zło czeka w ukryciu.
Jedno i drugie nie do pokonania
ani do odsunięcia na bezpowrotną odległość.
Dlatego jeśli radość, to z domieszką trwogi,
jeśli rozpacz, to nigdy bez cichej nadziei.
Życie, choćby i długie, zawsze będzie krótkie.
Zbyt krótkie, żeby do tego coś dodać.

when evil triumphs, good goes into hiding;
when good is manifest, then evil lies low.
Neither can be conquered
or cast off beyond return.
Hence, if joy, then with a touch of fear;
if despair, then not without some quiet hope.
Life, however long, will always be short.
Too short for anything to be added.

PIERWSZA FOTOGRAFIA HITLERA

A któż to jest ten dzidziuś w kaftaniku?
Toż to mały Adolfek, syn państwa Hitlerów!
Może wyrośnie na doktora praw?
Albo będzie tenorem w operze wiedeńskiej?
Czyja to rączka, czyja, uszko, oczko, nosek?
Czyj brzuszek pełen mleka, nie wiadomo jeszcze:
drukarza, konsyliarza, kupca, księdza?
Dokąd te śmieszne nóżki zawędrują, dokąd?
Do ogródka, do szkoły, do biura, na ślub
może z córką burmistrza?

Bobo, aniołek, kruszyna, promyczek,
kiedy rok temu przychodził na świat,
nie brakło znaków na niebie i ziemi:
wiosenne słońce, w oknach pelargonie,
muzyka katarynki na podwórku,
pomyślna wróżba w bibułce różowej,
tuż przed porodem proroczy sen matki:
gołąbka we śnie widzieć — radosna nowina,
tegoż schwytać — przybędzie gość długo czekany.
Puk puk, kto tam, to stuka serduszko Adolfka.

Smoczek, pieluszka, śliniaczek, grzechotka,
chłopczyna, chwalić Boga i odpukać, zdrów,
podobny do rodziców, do kotka w koszyku,
do dzieci z wszystkich innych rodzinnych albumów.
No, nie będziemy chyba teraz płakać,
pan fotograf pod czarną płachtą zrobi pstryk.

Atelier Klinger, Grabenstrasse Braunau,
a Braunau to niewielkie, ale godne miasto,
solidne firmy, poczciwi sąsiedzi,
woń ciasta drożdżowego i szarego mydła.

HITLER'S FIRST PHOTOGRAPH

And who's this little fellow in his itty-bitty robe?
That's tiny baby Adolf, the Hitlers' little boy!
Will he grow up to be an L. L. D.?
Or a tenor in Vienna's Opera House?
Whose teensy hand is this, whose little ear and eye and nose?
Whose tummy full of milk, we just don't know:
printer's, doctor's, merchant's, priest's?
Where will those tootsy-wootsies finally wander?
To a garden, to a school, to an office, to a bride?
Maybe to the Bürgermeister's daughter?

Precious little angel, mommy's sunshine, honey bun.
While he was being born, a year ago,
there was no dearth of signs on the earth and in the sky:
spring sun, geraniums in windows,
the organ-grinder's music in the yard,
a lucky fortune wrapped in rosy paper.
Then just before the labor his mother's fateful dream.
A dove seen in a dream means joyful news —
if it is caught, a long-awaited guest will come.
Knock knock, who's there, it's Adolf's heartchen knocking.

A little pacifier, diaper, rattle, bib,
our bouncing boy, thank God and knock on wood, is well,
looks just like his folks, like a kitten in a basket,
like the tots in every other family album.
Sh-h-h, let's not start crying, sugar.
The camera will click from under that black hood.

The Klinger Atelier, Grabenstrasse, Braunau.
And Braunau is a small, but worthy town —
honest businesses, obliging neighbors,
smell of yeast dough, of gray soap.

269

Nie słychać wycia psów i kroków przeznaczenia.
Nauczyciel historii rozluźnia kołnierzyk
i ziewa nad zeszytami.

No one hears howling dogs, or fate's footsteps.
A history teacher loosens his collar
and yawns over homework.

SCHYŁEK WIEKU

Miał być lepszy od zeszłych nasz XX wiek.
Już tego dowieść nie zdąży,
lata ma policzone,
krok chwiejny,
oddech krótki.

Już zbyt wiele się stało,
co się stać nie miało,
a to, co miało nadejść,
nie nadeszło.

Miało się mieć ku wiośnie
i szczęściu, między innymi.

Strach miał opuścić góry i doliny.
Prawda szybciej od kłamstwa
miała dobiegać do celu.

Miało się kilka nieszczęść
nie przydarzać już,
na przykład wojna
i głód, i tak dalej.

W poważaniu być miała
bezbronność bezbronnych,
ufność i tym podobne.

Kto chciał cieszyć się światem,
ten staje przed zadaniem
nie do wykonania.

Głupota nie jest śmieszna.
Mądrość nie jest wesoła.

THE CENTURY'S DECLINE

Our twentieth century was going to improve on the others.
It will never prove it now,
now that its years are numbered,
its gait is shaky,
its breath is short.

Too many things have happened
that weren't supposed to happen,
and what was supposed to come about
has not.

Happiness and spring, among other things,
were supposed to be getting closer.

Fear was expected to leave the mountains and the valleys.
Truth was supposed to hit home
before a lie.

A couple of problems weren't going
to come up anymore:
hunger, for example,
and war, and so forth.

There was going to be respect
for helpless people's helplessness,
trust, that kind of stuff.

Anyone who planned to enjoy the world
is now faced
with a hopeless task.

Stupidity isn't funny.
Wisdom isn't gay.

273

Nadzieja
to już nie jest ta młoda dziewczyna
et cetera, niestety.

Bóg miał nareszcie uwierzyć w człowieka
dobrego i silnego,
ale dobry i silny
to ciągle jeszcze dwóch ludzi.

Jak żyć — spytał mnie w liście ktoś,
kogo ja zamierzałam spytać
o to samo.

Znowu i tak jak zawsze,
co widać powyżej,
nie ma pytań pilniejszych
od pytań naiwnych.

Hope
isn't that young girl anymore,
et cetera, alas.

God was finally going to believe
in a man both good and strong,
but good and strong
are still two different men.

"How should we live?" someone asked me in a letter.
I had meant to ask him
the same question.

Again, and as ever,
as may be seen above,
the most pressing questions
are naive ones.

DZIECI EPOKI

Jesteśmy dziećmi epoki,
epoka jest polityczna.

Wszystkie twoje, nasze, wasze
dzienne sprawy, nocne sprawy
to są sprawy polityczne.

Chcesz czy nie chcesz,
twoje geny mają przeszłość polityczną,
skóra odcień polityczny,
oczy aspekt polityczny.

O czym mówisz, ma rezonans,
o czym milczysz, ma wymowę
tak czy owak polityczną.

Nawet idąc borem lasem
stawiasz kroki polityczne
na podłożu politycznym.

Wiersze apolityczne też są polityczne,
a w górze świeci księżyc,
obiekt już nie księżycowy.
Być albo nie być, oto jest pytanie.
Jakie pytanie, odpowiedz kochanie.
Pytanie polityczne.

Nie musisz nawet być istotą ludzką,
by zyskać na znaczeniu politycznym.
Wystarczy, żebyś był ropą naftową,
paszą treściwą czy surowcem wtórnym.

Albo i stołem obrad, o którego kształt
spierano się miesiącami:
przy jakim pertraktować o życiu i śmierci,
okrągłym czy kwadratowym.

CHILDREN OF OUR AGE

We are children of our age,
it's a political age.

All day long, all through the night,
all affairs — yours, ours, theirs —
are political affairs.

Whether you like it or not,
your genes have a political past,
your skin, a political cast,
your eyes, a political slant.

Whatever you say reverberates,
whatever you don't say speaks for itself.
So either way you're talking politics.

Even when you take to the woods,
you're taking political steps
on political grounds.

Apolitical poems are also political,
and above us shines a moon
no longer purely lunar.
To be or not to be, that is the question.
And though it troubles the digestion
it's a question, as always, of politics.

To acquire a political meaning
you don't even have to be human.
Raw material will do,
or protein feed, or crude oil,

or a conference table whose shape
was quarrelled over for months:
Should we arbitrate life and death
at a round table or a square one.

Tymczasem ginęli ludzie,
zdychały zwierzęta,
płonęły domy
i dziczały pola
jak w epokach zamierzchłych
i mniej politycznych.

Meanwhile, people perished,
animals died,
houses burned,
and the fields ran wild
just as in times immemorial
and less political.

TORTURY

Nic się nie zmieniło.
Ciało jest bolesne,
jeść musi i oddychać powietrzem, i spać,
ma cienką skórę, a tuż pod nią krew,
ma spory zasób zębów i paznokci,
kości jego łamliwe, stawy rozciągliwe.
W torturach jest to wszystko brane pod uwagę.

Nic się nie zmieniło.
Ciało drży, jak drżało
przed założeniem Rzymu i po założeniu,
w dwudziestym wieku przed i po Chrystusie,
tortury są, jak były, zmalała tylko ziemia
i cokolwiek się dzieje, to tak jak za ścianą.

Nic się nie zmieniło.
Przybyło tylko ludzi,
obok starych przewinień zjawiły się nowe,
rzeczywiste, wmówione, chwilowe i żadne,
ale krzyk, jakim ciało za nie odpowiada,
był, jest i będzie krzykiem niewinności,
podług odwiecznej skali i rejestru.

Nic się nie zmieniło.
Chyba tylko maniery, ceremonie, tańce.
Ruch rąk osłaniających głowę
pozostał jednak ten sam.
Ciało się wije, szarpie i wyrywa,
ścięte z nóg pada, podkurcza kolana,
sinieje, puchnie, ślini się i broczy.

Nic się nie zmieniło.
Poza biegiem rzek,
linią lasów, wybrzeży, pustyń i lodowców.

TORTURES

Nothing has changed.
The body is a reservoir of pain;
it has to eat and breathe the air, and sleep;
it has thin skin and the blood is just beneath it;
it has a good supply of teeth and fingernails;
its bones can be broken; its joints can be stretched.
In tortures, all of this is considered.

Nothing has changed.
The body still trembles as it trembled
before Rome was founded and after,
in the twentieth century before and after Christ.
Tortures are just what they were, only the earth has shrunk
and whatever goes on sounds as if it's just a room away.

Nothing has changed.
Except there are more people,
and new offenses have sprung up beside the old ones —
real, make-believe, short-lived, and nonexistent.
But the cry with which the body answers for them
was, is, and will be a cry of innocence
in keeping with the age-old scale and pitch.

Nothing has changed.
Except perhaps the manners, ceremonies, dances.
The gesture of the hands shielding the head
has nonetheless remained the same.
The body writhes, jerks, and tugs,
falls to the ground when shoved, pulls up its knees,
bruises, swells, drools, and bleeds.

Nothing has changed.
Except the run of rivers,
the shapes of forests, shores, deserts, and glaciers.

Wśród tych pejzaży duszyczka się snuje,
znika, powraca, zbliża się, oddala,
sama dla siebie obca, nieuchwytna,
raz pewna, raz niepewna swojego istnienia,
podczas gdy ciało jest i jest i jest
i nie ma się gdzie podziać.

The little soul roams among those landscapes,
disappears, returns, draws near, moves away,
evasive and a stranger to itself,
now sure, now uncertain of its own existence,
whereas the body is and is and is
and has nowhere to go.

KONSZACHTY Z UMARŁYMI

W jakich okolicznościach śnią ci się umarli?
Czy często myślisz o nich przed zaśnięciem?
Kto pojawia się pierwszy?
Czy zawsze ten sam?
Imię? Nazwisko? Cmentarz? Data śmierci?

Na co się powołują?
Na dawną znajomość? Pokrewieństwo? Ojczyznę?
Czy mówią, skąd przychodzą?
I kto za nimi stoi?
I komu oprócz ciebie śnią się jeszcze?

Ich twarze czy podobne do ich fotografii?
Czy postarzały się z upływem lat?
Czerstwe? Mizerne?
Zabici czy zdążyli wylizać się z ran?
Czy pamiętają ciągle, kto ich zabił?

Co mają w rękach — opisz te przedmioty.
Zbutwiałe? Zardzewiałe? Zwęglone? Spróchniałe?
Co mają w oczach — groźbę? prośbę? Jaką?
Czy tylko o pogodzie z sobą rozmawiacie?
O ptaszkach? Kwiatkach? Motylkach?

Z ich strony żadnych kłopotliwych pytań?
A ty co wtedy odpowiadasz im?
Zamiast przezornie milczeć?
Wymijająco zmienić temat snu?
Zbudzić się w porę?

PLOTTING WITH THE DEAD

Under what conditions do you dream of the dead?
Do you often think of them before you fall asleep?
Who appears first?
Is it always the same one?
First name? Surname? Cemetery? Date deceased?

To what do they refer?
Old friendship? Kinship? Fatherland?
Do they say where they come from?
And who's behind them?
And who besides you sees them in his dreams?

Their faces, are they like their photographs?
Have they aged at all with time?
Are they robust? Are they wan?
The murdered ones, have their wounds healed yet?
Do they still remember who killed them?

What do they hold in their hands? Describe these objects.
Are they charred? Mouldy? Rusty? Decomposed?
And in their eyes, what? Entreaty? A threat? Be specific.
Do you only chat about the weather?
Or about flowers? Birds? Butterflies?

No awkward questions on their part?
If so, what do you reply?
Instead of safely keeping quiet?
Or evasively changing the dream's subject?
Or waking up just in time?

PISANIE ŻYCIORYSU

Co trzeba?
Trzeba napisać podanie,
a do podania dołączyć życiorys.

Bez względu na długość życia
życiorys powinien być krótki.

Obowiązuje zwięzłość i selekcja faktów.
Zamiana krajobrazów na adresy
i chwiejnych wspomnień w nieruchome daty.

Z wszystkich miłości starczy ślubna,
a z dzieci tylko urodzone.

Ważniejsze, kto cię zna, niż kogo znasz.
Podróże tylko jeśli zagraniczne.
Przynależność do czego, ale bez dlaczego.
Odznaczenia bez za co.

Pisz tak, jakbyś ze sobą nigdy nie rozmawiał
i omijał z daleka.

Pomiń milczeniem psy, koty i ptaki,
pamiątkowe rupiecie, przyjaciół i sny.

Raczej cena niż wartość
i tytuł niż treść.
Raczej już numer butów, niż dokąd on idzie,
ten, za kogo uchodzisz.
Do tego fotografia z odsłoniętym uchem.
Liczy się jego kształt, nie to, co słychać.
Co słychać?
Łomot maszyn, które mielą papier.

WRITING A RÉSUMÉ

What needs to be done?
Fill out the application
and enclose the résumé.

Regardless of the length of life,
a résumé is best kept short.

Concise, well-chosen facts are de rigueur.
Landscapes are replaced by addresses,
shaky memories give way to unshakable dates.

Of all your loves, mention only the marriage;
of all your children, only those who were born.

Who knows you matters more than whom you know.
Trips only if taken abroad.
Memberships in what but without why.
Honors, but not how they were earned.

Write as if you'd never talked to yourself
and always kept yourself at arm's length.

Pass over in silence your dogs, cats, birds,
dusty keepsakes, friends, and dreams.

Price, not worth,
and title, not what's inside.
His shoe size, not where he's off to,
that one you pass off as yourself.
In addition, a photograph with one ear showing.
What matters is its shape, not what it hears.
What is there to hear, anyway?
The clatter of paper shredders.

POGRZEB

„tak nagle, kto by się tego spodziewał"
„nerwy i papierosy, ostrzegałem go"
„jako tako, dziękuję"
„rozpakuj te kwiatki"
„brat też poszedł na serce, to pewnie rodzinne"
„z tą brodą to bym pana nigdy nie poznała"
„sam sobie winien, zawsze się w coś mieszał"
„miał przemawiać ten nowy, jakoś go nie widzę"
„Kazek w Warszawie, Tadek za granicą"
„ty jedna byłaś mądra, że wzięłaś parasol"
„cóż z tego, że był najzdolniejszy z nich"
„pokój przechodni, Baśka się nie zgodzi"
„owszem, miał rację, ale to jeszcze nie powód"
„z lakierowaniem drzwiczek, zgadnij ile"
„dwa żółtka, łyżka cukru"
„nie jego sprawa, po co mu to było"
„same niebieskie i tylko małe numery"
„pięć razy, nigdy żadnej odpowiedzi"
„niech ci będzie, że mogłem, ale i ty mogłeś"
„dobrze, że chociaż ona miała tę posadkę"
„no, nie wiem, chyba krewni"
„ksiądz istny Belmondo"
„nie byłam jeszcze w tej części cmentarza"
„śnił mi się tydzień temu, coś mnie tknęło"
„niebrzydka ta córeczka"
„wszystkich nas to czeka"
„złóżcie wdowie ode mnie, muszę zdążyć na"
„a jednak po łacinie brzmiało uroczyściej"
„było, minęło"
„do widzenia pani"
„może by gdzieś na piwo"
„zadzwoń, pogadamy"
„czwórką albo dwunastką"
„ja tędy"
„my tam"

FUNERAL

"so suddenly, who could have seen it coming"
"stress and smoking, I kept telling him"
"not bad, thanks, and you"
"these flowers need to be unwrapped"
"his brother's heart gave out, too, it runs in the family"
"I'd never know you in that beard"
"he was asking for it, always mixed up in something"
"that new guy was going to make a speech, I don't see him"
"Kazek's in Warsaw, Tadek has gone abroad"
"you were smart, you brought the only umbrella"
"so what if he was more talented than they were"
"no, it's a walk-through room, Barbara won't take it"
"of course, he was right, but that's no excuse"
"with body work and paint, just guess how much"
"two egg yolks and a tablespoon of sugar"
"none of his business, what was in it for him"
"only in blue and just small sizes"
"five times and never any answer"
"all right, so I could have, but you could have, too"
"good thing that at least she still had a job"
"don't know, relatives, I guess"
"that priest looks just like Belmondo"
"I've never been in this part of the grounds"
"I dreamed about him last week, I had a feeling"
"his daughter's not bad-looking"
"the way of all flesh"
"give my best to the widow, I've got to run"
"it all sounded so much more solemn in Latin"
"what's gone is gone"
"goodbye"
"I could sure use a drink"
"give me a call"
"which bus goes downtown"
"I'm going this way"
"we're not"

289

GŁOS W SPRAWIE PORNOGRAFII

Nie ma rozpusty gorszej niż myślenie.
Pleni się ta swawola jak wiatropylny chwast
na grządce wytyczonej pod stokrotki.

Dla takich, którzy myślą, święte nie jest nic.
Zuchwałe nazywanie rzeczy po imieniu,
rozwiązłe analizy, wszeteczne syntezy,
pogoń za nagim faktem dzika i hulaszcza,
lubieżne obmacywanie drażliwych tematów,
tarło poglądów — w to im właśnie graj.

W dzień jasny albo pod osłoną nocy
łączą się w pary, trójkąty i koła.
Dowolna jest tu płeć i wiek partnerów.
Oczy im błyszczą, policzki pałają.
Przyjaciel wykoleja przyjaciela.
Wyrodne córki deprawują ojca.
Brat młodszą siostrę stręczy do nierządu.

Inne im w smak owoce
z zakazanego drzewa wiadomości
niż różowe pośladki z pism ilustrowanych,
cała ta prostoduszna w gruncie pornografia.
Książki, które ich bawią, nie mają obrazków.
Jedyna rozmaitość to specjalne zdania
paznokciem zakreślone albo kredką.

Zgroza, w jakich pozycjach,
z jak wyuzdaną prostotą
umysłowi udaje się zapłodnić umysł!
Nie zna takich pozycji nawet Kamasutra.

W czasie tych schadzek parzy się ledwie herbata.
Ludzie siedzą na krzesłach, poruszają ustami.

AN OPINION ON THE QUESTION OF PORNOGRAPHY

There's nothing more debauched than thinking.
This sort of wantonness runs wild like a wind-born weed
on a plot laid out for daisies.

Nothing's sacred for those who think.
Calling things brazenly by name,
risqué analyses, salacious syntheses,
frenzied, rakish chases after the bare facts,
the filthy fingering of touchy subjects,
discussion in heat — it's music to their ears.

In broad daylight or under cover of night
they form circles, triangles, or pairs.
The partners' age or sex are unimportant.
Their eyes glitter, their cheeks are flushed.
Friend leads friend astray.
Degenerate daughters corrupt their fathers.
A brother pimps for his little sister.

They prefer the fruits
from the forbidden tree of knowledge
to the pink buttocks found in glossy magazines —
all that ultimately simple-hearted smut.
The books they relish have no pictures.
What variety they have lies in certain phrases
marked with a thumbnail or a crayon.

It's shocking, the positions,
the unchecked simplicity with which
one mind contrives to fertilize another!
Such positions the Kama Sutra itself doesn't know.

During these trysts of theirs, the only thing that's steamy is the tea.
People sit on their chairs and move their lips.

291

Nogę na nogę każdy sam sobie zakłada.
Jedna stopa w ten sposób dotyka podłogi,
druga swobodnie kiwa się w powietrzu.
Czasem tylko ktoś wstanie,
zbliży się do okna
i przez szparę w firankach
podgląda ulicę.

Everyone crosses only his own legs
so that one foot is resting on the floor
while the other dangles freely in midair.
Only now and then does somebody get up,
go to the window,
and through a crack in the curtains
take a peep out at the street.

ROZPOCZĘTA OPOWIEŚĆ

Na urodziny dziecka
świat nigdy nie jest gotowy.

Jeszcze nasze okręty nie powróciły z Winlandii.
Jeszcze przed nami przełęcz św. Gotharda.
Musimy zmylić straże na pustyni Thor,
przebić się kanałami do Śródmieścia,
znaleźć dojście do króla Haralda Osełki
i czekać na upadek ministra Fouché.
Dopiero w Acapulco
zaczniemy wszystko od nowa.

Wyczerpał się nam zapas opatrunków,
zapałek, argumentów, tłuków pięściowych i wody.
Nie mamy ciężarówek i poparcia Mingów.
Tym chudym koniem nie przepłacimy szeryfa.
Żadnych, jak dotąd, wieści o porwanych w jasyr.
Brakuje nam cieplejszej jaskini na mrozy
i kogoś, kto by znał język harari.

Nie wiemy, którym ludziom zaufać w Niniwie,
jakie będą warunki księcia kardynała,
czyje nazwiska jeszcze są w szufladach Berii.
Mówią, że Karol Młot uderzy jutro o świcie.
W tej sytuacji udobruchajmy Cheopsa,
zgłośmy się dobrowolnie,
zmieńmy wiarę,
udajmy, że jesteśmy przyjaciółmi doży
i nic nie łączy nas z plemieniem Kwabe.

Nadchodzi pora rozpalenia ogni.
Zawezwijmy depeszą babcię z Zabierzowa.
Porozwiązujmy węzły na rzemieniach jurty.

A TALE BEGUN

The world is never ready
for the birth of a child.

Our ships are not yet back from Winnland.
We still have to get over the S. Gothard pass.
We've got to outwit the watchmen on the desert of Thor,
fight our way through the sewers to Warsaw's center,
gain access to King Harald the Butterpat,
and wait until the downfall of Minister Fouché.
Only in Acapulco
can we begin anew.

We've run out of bandages,
matches, hydraulic presses, arguments, and water.
We haven't got the trucks, we haven't got the Minghs' support.
This skinny horse won't be enough to bribe the sheriff.
No news so far about the Tartars' captives.
We'll need a warmer cave for winter
and someone who can speak Harari.

We don't know whom to trust in Nineveh,
what conditions the Prince-Cardinal will decree,
which names Beria has still got inside his files.
They say Charles the Hammer strikes tomorrow at dawn.
In this situation, let's appease Cheops,
report ourselves of our own free will,
change faiths,
pretend to be friends with the Doge,
and say that we've got nothing to do with the Kwabe tribe.

Time to light the fires.
Let's send a cable to grandma in Zabierzów.
Let's untie the knots in the yurt's leather straps.

Oby połóg był lekki
i dziecko rosło nam zdrowo.
Niech będzie czasem szczęśliwe
i przeskakuje przepaście.
Niech serce jego ma zdolność wytrwania,
a rozum czuwa i sięga daleko.

Ale nie tak daleko,
żeby widzieć przyszłość.
Tego daru
oszczędźcie mu, niebieskie moce.

May delivery be easy,
may our child grow and be well.
Let him be happy from time to time
and leap over abysses.
Let his heart have strength to endure
and his mind be awake and reach far.

But not so far
that it sees into the future.
Spare him
that one gift,
O heavenly powers.

MOŻLIWOŚCI

Wolę kino.
Wolę koty.
Wolę dęby nad Wartą.
Wolę Dickensa od Dostojewskiego.
Wolę siebie lubiącą ludzi
niż siebie kochającą ludzkość.
Wolę mieć w pogotowiu igłę z nitką.
Wolę kolor zielony.
Wolę nie twierdzić,
że rozum jest wszystkiemu winien.
Wolę wyjątki.
Wolę wychodzić wcześniej.
Wolę rozmawiać z lekarzami o czymś innym.
Wolę stare ilustracje w prążki.
Wolę śmieszność pisania wierszy
od śmieszności ich niepisania.
Wolę w miłości rocznice nieokrągłe,
do obchodzenia co dzień.
Wolę moralistów,
którzy nie obiecują mi nic.
Wolę dobroć przebiegłą od łatwowiernej za bardzo.
Wolę ziemię w cywilu.
Wolę kraje podbite niż podbijające.
Wolę mieć zastrzeżenia.
Wolę piekło chaosu od piekła porządku.
Wolę bajki Grimma od pierwszych stron gazet.
Wolę liście bez kwiatów niż kwiaty bez liści.
Wolę psy z ogonem nie przyciętym.
Wolę oczy jasne, ponieważ mam ciemne.
Wolę szuflady.
Wolę wiele rzeczy, których tu nie wymieniłam,
od wielu również tu nie wymienionych.
Wolę zera luzem
niż ustawione w kolejce do cyfry.

POSSIBILITIES

I prefer movies.
I prefer cats.
I prefer the oaks along the Warta.
I prefer Dickens to Dostoyevsky.
I prefer myself liking people
to myself loving mankind.
I prefer keeping a needle and thread on hand, just in case.
I prefer the color green.
I prefer not to maintain
that reason is to blame for everything.
I prefer exceptions.
I prefer to leave early.
I prefer talking to doctors about something else.
I prefer the old fine-lined illustrations.
I prefer the absurdity of writing poems
to the absurdity of not writing poems.
I prefer, where love's concerned, nonspecific anniversaries
that can be celebrated every day.
I prefer moralists
who promise me nothing.
I prefer cunning kindness to the over-trustful kind.
I prefer the earth in civvies.
I prefer conquered to conquering countries.
I prefer having some reservations.
I prefer the hell of chaos to the hell of order.
I prefer Grimm's fairy tales to the newspapers' front pages.
I prefer leaves without flowers to flowers without leaves.
I prefer dogs with uncropped tails.
I prefer light eyes, since mine are dark.
I prefer desk drawers.
I prefer many things that I haven't mentioned here
to many things I've also left unsaid.
I prefer zeroes on the loose
to those lined up behind a cipher.

Wolę czas owadzi od gwiezdnego.
Wolę odpukać.
Wolę nie pytać, jak długo jeszcze i kiedy.
Wolę brać pod uwagę nawet tę możliwość,
że byt ma swoją rację.

I prefer the time of insects to the time of stars.
I prefer to knock on wood.
I prefer not to ask how much longer and when.
I prefer keeping in mind even the possibility
that existence has its own reason for being.

DO ARKI

Zaczyna padać długotrwały deszcz.
Do arki, bo gdzież wy się podziejecie:
wiersze na pojedynczy głos,
prywatne uniesienia,
niekonieczne talenty,
zbędna ciekawości,
smutki i trwogi małego zasięgu,
ochoto oglądania rzeczy z sześciu stron.

Rzeki wzbierają i wychodzą z brzegów.
Do arki: światłocienie i półtony,
kaprysy, ornamenty i szczegóły,
głupie wyjątki,
zapomniane znaki,
niezliczone odmiany koloru szarego,
gro dla gry
i łzo śmiechu.

Jak okiem sięgnąć, woda i horyzont w mgle.
Do arki: plany na odległą przyszłość,
radości z różnic,
podziwie dla lepszych,
wyborze nie ścieśniony do jednego z dwojga,
przestarzałe skrupuły,
czasie do namysłu
i wiaro, że to wszystko
kiedyś jeszcze się przyda.

Ze względu na dzieci,
którymi nadal jesteśmy,
bajki kończą się dobrze.
Tu również nie pasuje finał żaden inny.
Ustanie deszcz,
opadną fale,

INTO THE ARK

An endless rain is just beginning.
Into the ark, for where else can you go,
you poems for a single voice,
private exultations,
unnecessary talents,
surplus curiosity,
short-range sorrows and fears,
eagerness to see things from all six sides.

Rivers are swelling and bursting their banks.
Into the ark, all you chiaroscuros and half-tones,
you details, ornaments, and whims,
silly exceptions,
forgotten signs,
countless shades of the color gray,
play for play's sake,
and tears of mirth.

As far as the eye can see, there's water and hazy horizon.
Into the ark, plans for the distant future,
joy in difference,
admiration for the better man,
choice not narrowed down to one of two,
outworn scruples,
time to think it over,
and the belief that all this
will still come in handy someday.

For the sake of the children
that we still are,
fairy tales have happy endings.
That's the only finale that will do here, too.
The rain will stop,
the waves will subside,

na przejaśnionym niebie
rozsuną się chmury
i będą znów
jak chmurom nad ludźmi przystało:
wzniosłe i niepoważne
w swoim podobieństwie
do suszących się w słońcu
wysp szczęśliwych,
baranków,
kalafiorów,
i pieluszek.

the clouds will part
in the cleared-up sky,
and they'll be once more
what clouds overhead ought to be:
lofty and rather lighthearted
in their likeness to things
drying in the sun —
isles of bliss,
lambs,
cauliflowers,
diapers.

JARMARK CUDÓW

Cud pospolity:
to, że dzieje się wiele cudów pospolitych.

Cud zwykły:
w ciszy nocnej szczekanie
niewidzialnych psów.

Cud jeden z wielu:
chmurka zwiewna i mała,
a potrafi zasłonić duży ciężki księżyc.

Kilka cudów w jednym:
olcha w wodzie odbita
i to, że odwrócona ze strony lewej na prawą,
i to, że rośnie tam koroną w dół
i wcale dna nie sięga,
choć woda jest płytka.

Cud na porządku dziennym:
wiatry dość słabe i umiarkowane,
w czasie burz porywiste.

Cud pierwszy lepszy:
krowy są krowami.

Drugi nie gorszy:
ten a nie inny sad
z tej a nie innej pestki.

Cud bez czarnego fraka i cylindra:
rozfruwające się białe gołębie.

Cud, no bo jak to nazwać:
słońce dziś wzeszło o trzeciej czternaście
a zajdzie o dwudziestej zero jeden.

MIRACLE FAIR

The commonplace miracle:
that so many common miracles take place.

The usual miracle:
invisible dogs barking
in the dead of night.

One of many miracles:
a small and airy cloud
is able to upstage the massive moon.

Several miracles in one:
an alder is reflected in the water
and is reversed from left to right
and grows from crown to root
and never hits bottom
though the water isn't deep.

A run-of-the-mill miracle:
winds mild to moderate
turning gusty in storms.

A miracle in the first place:
cows will be cows.

Next but not least:
just this cherry orchard
from just this cherry pit.

A miracle minus top hat and tails:
fluttering white doves.

A miracle (what else can you call it):
the sun rose today at three fourteen a. m.
and will set tonight at one past eight.

307

Cud, który nie tak dziwi, jak powinien:
palców u dłoni wprawdzie mniej niż sześć,
za to więcej niż cztery.

Cud, tylko się rozejrzeć:
wszechobecny świat.

Cud dodatkowy, jak dodatkowe jest wszystko:
co nie do pomyślenia
jest do pomyślenia.

A miracle that's lost on us:
the hand actually has fewer than six fingers
but still it's got more than four.

A miracle, just take a look around:
the inescapable earth.

An extra miracle, extra and ordinary:
the unthinkable
can be thought.

LUDZIE NA MOŚCIE

Dziwna planeta i dziwni na niej ci ludzie.
Ulegają czasowi, ale nie chcą go uznać.
Mają sposoby, żeby swój sprzeciw wyrazić.
Robią obrazki jak na przykład ten:

Nic szczególnego na pierwszy rzut oka.
Widać wodę.
Widać jeden z jej brzegów.
Widać czółno mozolnie płynące pod prąd.
Widać nad wodą most i widać ludzi na moście.
Ludzie wyraźnie przyspieszają kroku,
bo właśnie z ciemnej chmury
zaczął deszcz ostro zacinać.

Cała rzecz w tym, że nic nie dzieje się dalej.
Chmura nie zmienia barwy ani kształtu.
Deszcz ani się nie wzmaga, ani nie ustaje.
Czółno płynie bez ruchu.
Ludzie na moście biegną
ściśle tam, co przed chwilą.

Trudno tu obejść się bez komentarza:
To nie jest wcale obrazek niewinny.
Zatrzymano tu czas.
Przestano liczyć się z prawami jego.
Pozbawiono go wpływu na rozwój wypadków.
Zlekceważono go i znieważono.

Za sprawą buntownika,
jakiegoś Hiroshige Utagawy,
(istoty, która zresztą
dawno i jak należy minęła),
czas potknął się i upadł.

THE PEOPLE ON THE BRIDGE

An odd planet, and those on it are odd, too.
They're subject to time, but they won't admit it.
They have their own ways of expressing protest.
They make up little pictures, like for instance this:

At first glance, nothing special.
What you see is water.
And one of its banks.
And a little boat sailing strenuously upstream.
And a bridge over the water, and people on the bridge.
It appears that the people are picking up their pace
because of the rain just beginning to lash down
from a dark cloud.

The thing is, nothing else happens.
The cloud doesn't change its color or its shape.
The rain doesn't increase or subside.
The boat sails on without moving.
The people on the bridge are running now
exactly where they ran before.

It's difficult at this point to keep from commenting.
This picture is by no means innocent.
Time has been stopped here.
Its laws are no longer consulted.
It has been relieved of its influence over the course of events.
It has been ignored and insulted.

On account of a rebel,
one Hiroshige Utagawa
(a being who, by the way,
died long ago and in due course),
time has tripped and fallen down.

Może to tylko psota bez znaczenia,
wybryk na skalę paru zaledwie galaktyk,
na wszelki jednak wypadek
dodajmy, co następuje:

Bywa tu w dobrym tonie
wysoko sobie cenić ten obrazek,
zachwycać się nim i wzruszać od pokoleń.

Są tacy, którym i to nie wystarcza.
Słyszą nawet szum deszczu,
czują chłód kropel na karkach i plecach,
patrzą na most i ludzi,
jakby widzieli tam siebie,
w tym samym biegu nigdy nie dobiegającym
drogą bez końca, wiecznie do odbycia
i wierzą w swoim zuchwalstwie,
że tak jest rzeczywiście.

It might well be simply a trifling prank,
an antic on the scale of just a couple of galaxies,
let us, however, just in case,
add one final comment for the record:

For generations, it's been considered good form here
to think highly of this picture,
to be entranced and moved.

There are those for whom even this is not enough.
They go so far as to hear the rain's spatter,
to feel the cold drops on their necks and backs,
they look at the bridge and the people on it
as if they saw themselves there,
running the same never-to-be-finished race
through the same endless, ever-to-be-covered distance,
and they have the nerve to believe
that this is really so.

KONIEC I POCZĄTEK

THE END
AND THE BEGINNING

(1993)

NIEBO

Od tego trzeba było zacząć: niebo.
Okno bez parapetu, bez futryn, bez szyb.
Otwór i nic poza nim,
ale otwarty szeroko.

Nie muszę czekać na pogodną noc,
ani zadzierać głowy,
żeby przyjrzeć się niebu.
Niebo mam za plecami, pod ręką i na powiekach.
Niebo owija mnie szczelnie
i unosi od spodu.

Nawet najwyższe góry
nie są bliżej nieba
niż najgłębsze doliny.
Na żadnym miejscu nie ma go więcej
niż w innym.
Obłok równie bezwzględnie
przywalony jest niebem co grób.
Kret równie wniebowzięty
jak sowa chwiejąca skrzydłami.
Rzecz, która spada w przepaść,
spada z nieba w niebo.

Sypkie, płynne, skaliste,
rozpłomienione i lotne
połacie nieba, okruszyny nieba,
podmuchy nieba i sterty.
Niebo jest wszechobecne
nawet w ciemnościach pod skórą.

Zjadam niebo, wydalam niebo.
Jestem pułapką w pułapce,
zamieszkiwanym mieszkańcem,

SKY

I should have begun with this: the sky.
A window minus sill, frame, and panes.
An aperture, nothing more,
but wide open.

I don't have to wait for a starry night,
I don't have to crane my neck
to get a look at it.
I've got the sky behind my back, at hand, and on my eyelids.
The sky binds me tight
and sweeps me off my feet.

Even the highest mountains
are no closer to the sky
than the deepest valleys.
There's no more of it in one place
than another.
A mole is no less in seventh heaven
than the owl spreading her wings.
The object that falls in an abyss
falls from sky to sky.

Grainy, gritty, liquid,
inflamed, or volatile
patches of sky, specks of sky,
gusts and heaps of sky.
The sky is everywhere,
even in the dark beneath your skin.

I eat the sky, I excrete the sky.
I'm a trap within a trap,
an inhabited inhabitant,

obejmowanym objęciem,
pytaniem w odpowiedzi na pytanie.

Podział na ziemię i niebo
to nie jest właściwy sposób
myślenia o tej całości.
Pozwala tylko przeżyć
pod dokładniejszym adresem,
szybszym do znalezienia,
jeślibym była szukana.
Moje znaki szczególne
to zachwyt i rozpacz.

an embrace embraced,
a question answering a question.

Division into sky and earth —
it's not the proper way
to contemplate this wholeness.
It simply lets me go on living
at a more exact address
where I can be reached promptly
if I'm sought.
My identifying features
are rapture and despair.

MOŻE BYĆ BEZ TYTUŁU

Doszło do tego, że siedzę pod drzewem,
na brzegu rzeki,
w słoneczny poranek.
Jest to zdarzenie błahe
i do historii nie wejdzie.
To nie bitwy i pakty,
których motywy się bada,
ani godne pamięci zabójstwa tyranów.

A jednak siedzę nad rzeką, to fakt.
I skoro tutaj jestem,
musiałam skądś przyjść,
a przedtem
w wielu jeszcze miejscach się podziewać,
całkiem tak samo jak zdobywcy krain,
nim wstąpili na pokład.

Ma swoją bujną przeszłość chwila nawet ulotna,
swój piątek przed sobotą,
swój przed czerwcem maj.
Ma swoje horyzonty równie rzeczywiste
jak w lornetce dowódców.

To drzewo to topola zakorzeniona od lat.
Rzeka to Raba nie od dziś płynąca.
Ścieżka nie od przedwczoraj
wydeptana w krzakach.
Wiatr, żeby rozwiać chmury,
musiał je wcześniej tu przywiać.

I choć w pobliżu nic się wielkiego nie dzieje,
świat nie jest przez to uboższy w szczegóły,
gorzej uzasadniony, słabiej określony,
niż kiedy zagarniały go wędrówki ludów.

NO TITLE REQUIRED

It has come to this: I'm sitting under a tree
beside a river
on a sunny morning.
It's an insignificant event
and won't go down in history.
It's not battles and pacts,
where motives are scrutinized,
or noteworthy tyrannicides.

And yet I'm sitting by this river, that's a fact.
And since I'm here
I must have come from somewhere,
and before that
I must have turned up in many other places,
exactly like the conquerors of nations
before setting sail.

Even a passing moment has its fertile past,
its Friday before Saturday,
its May before June.
Its horizons are no less real
than those that a marshal's field glasses might scan.

This tree is a poplar that's been rooted here for years.
The river is the Raba; it didn't spring up yesterday.
The path leading through the bushes
wasn't beaten last week.
The wind had to blow the clouds here
before it could blow them away.

And though nothing much is going on nearby,
the world is no poorer in details for that.
It's just as grounded, just as definite
as when migrating races held it captive.

321

Nie tylko tajnym spiskom towarzyszy cisza.
Nie tylko koronacjom orszak przyczyn.
Potrafią być okrągłe nie tylko rocznice powstań,
ale i obchodzone kamyki na brzegu.

Zawiły jest i gęsty haft okoliczności.
Ścieg mrówki w trawie.
Trawa wszyta w ziemię.
Deseń fali, przez którą przewleka się patyk.

Tak się złożyło, że jestem i patrzę.
Nade mną biały motyl trzepoce w powietrzu
skrzydełkami, co tylko do niego należą
i przelatuje mi przez ręce cień,
nie inny, nie czyjkolwiek, tylko jego własny.

Na taki widok zawsze opuszcza mnie pewność,
że to co ważne
ważniejsze jest od nieważnego.

Conspiracies aren't the only things shrouded in silence.
Retinues of reasons don't trail coronations alone.
Anniversaries of revolutions may roll around,
but so do oval pebbles encircling the bay.

The tapestry of circumstance is intricate and dense.
Ants stitching in the grass.
The grass sewn into the ground.
The pattern of a wave being needled by a twig.

So it happens that I am and look.
Above me a white butterfly is fluttering through the air
on wings that are its alone,
and a shadow skims through my hands
that is none other than itself, no one else's but its own.

When I see such things, I'm no longer sure
that what's important
is more important than what's not.

NIEKTÓRZY LUBIĄ POEZJĘ

Niektórzy —
czyli nie wszyscy.
Nawet nie większość wszystkich ale mniejszość.
Nie licząc szkół, gdzie się musi,
i samych poetów,
będzie tych osób chyba dwie na tysiąc.

Lubią —
ale lubi się także rosół z makaronem,
lubi się komplementy i kolor niebieski,
lubi się stary szalik,
lubi się stawiać na swoim,
lubi się głaskać psa.

Poezję —
tylko co to takiego poezja.
Niejedna chwiejna odpowiedź
na to pytanie już padła.
A ja nie wiem i nie wiem i trzymam się tego
jak zbawiennej poręczy.

SOME PEOPLE LIKE POETRY

Some people —
that means not everyone.
Not even most of them, only a few.
Not counting school, where you have to,
and poets themselves,
you might end up with something like two per thousand.

Like —
but then, you can like chicken noodle soup,
or compliments, or the color blue,
your old scarf,
your own way,
petting the dog.

Poetry —
but what is poetry anyway?
More than one rickety answer
has tumbled since that question first was raised.
But I just keep on not knowing, and I cling to that
like to a redemptive handrail.

KONIEC I POCZĄTEK

Po każdej wojnie
ktoś musi posprzątać.
Jaki taki porządek
sam się przecież nie zrobi.

Ktoś musi zepchnąć gruzy
na pobocza dróg,
żeby mogły przejechać
wozy pełne trupów.

Ktoś musi grzęznąć
w szlamie i popiele,
sprężynach kanap,
drzazgach szkła
i krwawych szmatach.

Ktoś musi przywlec belkę
do podparcia ściany,
ktoś oszklić okno
i osadzić drzwi na zawiasach.

Fotogeniczne to nie jest
i wymaga lat.
Wszystkie kamery wyjechały już
na inną wojnę.

Mosty trzeba z powrotem
i dworce na nowo.
W strzępach będą rękawy
od zakasywania.

Ktoś z miotłą w rękach
wspomina jeszcze jak było.
Ktoś słucha

THE END AND THE BEGINNING

After every war
someone has to tidy up.
Things won't pick
themselves up, after all.

Someone has to shove
the rubble to the roadsides
so the carts loaded with corpses
can get by.

Someone has to trudge
through sludge and ashes,
through the sofa springs,
the shards of glass,
the bloody rags.

Someone has to lug the post
to prop the wall,
someone has to glaze the window,
set the door in its frame.

No sound bites, no photo opportunities,
and it takes years.
All the cameras have gone
to other wars.

The bridges need to be rebuilt,
the railroad stations, too.
Shirtsleeves will be rolled
to shreds.

Someone, broom in hand,
still remembers how it was.
Someone else listens, nodding

przytakując nie urwaną głową.
Ale już w ich pobliżu
zaczną kręcić się tacy,
których to będzie nudzić.

Ktoś czasem jeszcze
wykopie spod krzaka
przeżarte rdzą argumenty
i poprzenosi je na stos odpadków.

Ci, co wiedzieli
o co tutaj szło,
muszą ustąpić miejsca tym,
co wiedzą mało.
I mniej niż mało.
I wreszcie tyle co nic.

W trawie, która porosła
przyczyny i skutki,
musi ktoś sobie leżeć
z kłosem w zębach
i gapić się na chmury.

his unshattered head.
But others are bound to be bustling nearby
who'll find all that
a little boring.

From time to time someone still must
dig up a rusted argument
from underneath a bush
and haul it off to the dump.

Those who knew
what this was all about
must make way for those
who know little.
And less than that.
And at last nothing less than nothing.

Someone has to lie there
in the grass that covers up
the causes and effects
with a cornstalk in his teeth,
gawking at clouds.

NIENAWIŚĆ

Spójrzcie, jaka wciąż sprawna,
jak dobrze się trzyma
w naszym stuleciu nienawiść.
Jak lekko bierze wysokie przeszkody.
Jakie to łatwe dla niej — skoczyć, dopaść.

Nie jest jak inne uczucia.
Starsza i młodsza od nich równocześnie.
Sama rodzi przyczyny,
które ją budzą do życia.
Jeśli zasypia, to nigdy snem wiecznym.
Bezsenność nie odbiera jej sił, ale dodaje.

Religia nie religia —
byle przyklęknąć na starcie.
Ojczyzna nie ojczyzna —
byle się zerwać do biegu.
Niezła i sprawiedliwość na początek.
Potem już pędzi sama.
Nienawiść. Nienawiść.
Twarz jej wykrzywia grymas
ekstazy miłosnej.

Ach, te inne uczucia —
cherlawe i ślamazarne.
Od kiedy to braterstwo
może liczyć na tłumy?
Współczucie czy kiedykolwiek
pierwsze dobiło do mety?
Zwątpienie ilu chętnych porywa za sobą?
Porywa tylko ona, która swoje wie.

Zdolna, pojętna, bardzo pracowita.
Czy trzeba mówić ile ułożyła pieśni.

HATRED

See how efficient it still is,
how it keeps itself in shape —
our century's hatred.
How easily it vaults the tallest obstacles.
How rapidly it pounces, tracks us down.

It's not like other feelings.
At once both older and younger.
It gives birth itself to the reasons
that give it life.
When it sleeps, it's never eternal rest.
And sleeplessness won't sap its strength; it feeds it.

One religion or another —
whatever gets it ready, in position.
One fatherland or another —
whatever helps it get a running start.
Justice also works well at the outset
until hate gets its own momentum going.
Hatred. Hatred.
Its face twisted in a grimace
of erotic ecstasy.

Oh these other feelings,
listless weaklings.
Since when does brotherhood
draw crowds?
Has compassion
ever finished first?
Does doubt ever really rouse the rabble?
Only hatred has just what it takes.

Gifted, diligent, hard-working.
Need we mention all the songs it has composed?

Ile stronic historii ponumerowała.
Ile dywanów z ludzi porozpościerała
na ilu placach, stadionach.

Nie okłamujmy się:
potrafi tworzyć piękno.
Wspaniałe są jej łuny czarną nocą.
Świetne kłęby wybuchów o różanym świcie.
Trudno odmówić patosu ruinom
i rubasznego humoru
krzepko sterczącej nad nimi kolumnie.

Jest mistrzynią kontrastu
między łoskotem a ciszą,
między czerwoną krwią a białym śniegiem.
A nade wszystko nigdy jej nie nudzi
motyw schludnego oprawcy
nad splugawioną ofiarą.

Do nowych zadań w każdej chwili gotowa.
Jeżeli musi poczekać, poczeka.
Mówią, że ślepa. Ślepa?
Ma bystre oczy snajpera
i śmiało patrzy w przyszłość
— ona jedna.

All the pages it has added to our history books?
All the human carpets it has spread
over countless city squares and football fields?

Let's face it:
it knows how to make beauty.
The splendid fire-glow in midnight skies.
Magnificent bursting bombs in rosy dawns.
You can't deny the inspiring pathos of ruins
and a certain bawdy humor to be found
in the sturdy column jutting from their midst.

Hatred is a master of contrast —
between explosions and dead quiet,
red blood and white snow.
Above all, it never tires
of its leitmotif — the impeccable executioner
towering over its soiled victim.

It's always ready for new challenges.
If it has to wait awhile, it will.
They say it's blind. Blind?
It has a sniper's keen sight
and gazes unflinchingly at the future
as only it can.

RZECZYWISTOŚĆ WYMAGA

Rzeczywistość wymaga,
żeby i o tym powiedzieć:
życie toczy się dalej.
Robi to pod Kannami i pod Borodino
i na Kosowym Polu i w Guernice.

Jest stacja benzynowa
na małym placu w Jerycho,
są świeżo malowane
pod Białą Górą ławeczki.
Kursują listy
z Pearl Harbor do Hastings,
przejeżdża wóz meblowy
pod okiem lwa z Cheronei,
a do rozkwitłych sadów w pobliżu Verdun
nadciąga tylko front atmosferyczny.

Tak wiele jest Wszystkiego,
że Nic jest całkiem nieźle zasłonięte.
Z jachtów pod Akcjum
dochodzi muzyka
i na pokładach w słońcu pary tańczą.

Tyle ciągle się dzieje,
że musi dziać się wszędzie.
Gdzie kamień na kamieniu,
tam wózek z lodami
oblężony przez dzieci.
Gdzie Hiroszima
tam znów Hiroszima
i wyrób wielu rzeczy
do codziennego użytku.

REALITY DEMANDS

Reality demands
that we also mention this:
Life goes on.
It continues at Cannae and Borodino,
at Kosovo Polje and Guernica.

There's a gas station
on a little square in Jericho,
and wet paint
on park benches in Bila Hora.
Letters fly back and forth
between Pearl Harbor and Hastings,
a moving van passes
beneath the eye of the lion at Cheronea,
and the blooming orchards near Verdun
cannot escape
the approaching atmospheric front.

There is so much Everything
that Nothing is hidden quite nicely.
Music pours
from the yachts moored at Actium
and couples dance on their sunlit decks.

So much is always going on,
that it must be going on all over.
Where not a stone still stands,
you see the Ice Cream Man
besieged by children.
Where Hiroshima had been
Hiroshima is again,
producing many products
for everyday use.

Nie bez powabów jest ten straszny świat,
nie bez poranków,
dla których warto się zbudzić.

Na polach Maciejowic
trawa jest zielona
a w trawie, jak to w trawie,
przezroczysta rosa.

Może nie ma miejsc innych jak pobojowiska,
te jeszcze pamiętane,
te już zapomniane,
lasy brzozowe i lasy cedrowe,
śniegi i piaski, tęczujące bagna
i jary czarnej klęski,
gdzie w nagłej potrzebie
kuca się dziś pod krzaczkiem.

Jaki stąd płynie morał — chyba żaden.
To, co naprawdę płynie, to krew szybko schnąca
i zawsze jakieś rzeki, jakieś chmury.

Na tragicznych przełęczach
wiatr zrywa z głów kapelusze
i nie ma na to rady —
śmieszy nas ten widok.

This terrifying world is not devoid of charms,
of the mornings
that make waking up worthwhile.

The grass is green
on Maciejowice's fields,
and it is studded with dew,
as is normal with grass.

Perhaps all fields are battlefields,
those we remember
and those that are forgotten:
the birch forests and the cedar forests,
the snow and the sand, the iridescent swamps
and the canyons of black defeat,
where now, when the need strikes, you don't cower
under a bush but squat behind it.

What moral flows from this? Probably none.
Only the blood flows, drying quickly,
and, as always, a few rivers, a few clouds.

On tragic mountain passes
the wind rips hats from unwitting heads
and we can't help
laughing at that.

337

JAWA

Jawa nie pierzcha
jak pierzchają sny.
Żaden szmer, żaden dzwonek
nie rozprasza jej,
żaden krzyk ani łoskot
z niej nie zrywa.

Mętne i wieloznaczne
są obrazy w snach,
co daje się tłumaczyć
na dużo różnych sposobów.
Jawa oznacza jawę,
a to większa zagadka.

Do snów są klucze.
Jawa otwiera się sama
i nie daje się domknąć.
Sypią się z niej
świadectwa szkolne i gwiazdy,
wypadają motyle
i dusze starych żelazek,
bezgłowe czapki
i czerepy chmur.
Powstaje z tego rebus
nie do rozwiązania.

Bez nas snów by nie było.
Ten, bez którego nie byłoby jawy
jest nieznany,
a produkt jego bezsenności
udziela się każdemu,
kto się budzi.

THE REAL WORLD

The real world doesn't take flight
the way dreams do.
No muffled voice, no doorbell
can dispel it,
no shriek, no crash
can cut it short.

Images in dreams
are hazy and ambiguous,
and can generally be explained
in many different ways.
Reality means reality:
that's a tougher nut to crack.

Dreams have keys.
The real world opens on its own
and can't be shut.
Report cards and stars
pour from it,
butterflies and flatiron warmers
shower down,
headless caps
and shards of clouds.
Together they form a rebus
that can't be solved.

Without us dreams couldn't exist.
The one on whom the real world depends
is still unknown,
and the products of his insomnia
are available to anyone
who wakes up.

22*

To nie sny są szalone,
szalona jest jawa,
choćby przez upór,
z jakim trzyma się
biegu wydarzeń.

W snach żyje jeszcze
nasz niedawno zmarły,
cieszy się nawet zdrowiem
i odzyskaną młodością.
Jawa kładzie przed nami
jego martwe ciało.
Jawa nie cofa się ani o krok.

Zwiewność snów powoduje,
że pamięć łatwo otrząsa się z nich.
Jawa nie musi bać się zapomnienia.
Twarda z niej sztuka.
Siedzi nam na karku,
ciąży na sercu,
wali się pod nogi.

Nie ma od niej ucieczki,
bo w każdej nam towarzyszy.
I nie ma takiej stacji
na trasie naszej podróży,
gdzie by nas nie czekała.

Dreams aren't crazy —
it's the real world that's insane,
if only in the stubbornness
with which it sticks
to the current of events.

In dreams our recently deceased
are still alive,
in perfect health, no less,
and restored to the full bloom of youth.
The real world lays the corpse
in front of us.
The real world doesn't blink an eye.

Dreams are featherweights,
and memory can shake them off with ease.
The real world doesn't have to fear forgetfulness.
It's a tough customer.
It sits on our shoulders,
weights on our hearts,
tumbles to our feet.

There's no escaping it,
it tags along each time we flee.
And there's no stop
along our escape route
where reality isn't expecting us.

RACHUNEK ELEGIJNY

Ilu tych, których znałam
(jeśli naprawdę ich znałam)
mężczyzn, kobiet
(jeśli ten podział pozostaje w mocy)
przestąpiło ten próg
(jeżeli to próg)
przebiegło przez ten most
(jeśli nazwać to mostem) —

Ilu po życiu krótszym albo dłuższym
(jeśli to dla nich wciąż jakaś różnica)
dobrym, bo się zaczęło,
złym, bo się skończyło
(jeśliby nie woleli powiedzieć na odwrót)
znalazło się na drugim brzegu
(jeśli znalazło się
a drugi brzeg istnieje) —

Nie dana mi jest pewność
ich dalszego losu
(jeśli to nawet jeden wspólny los
i jeszcze los) —

Wszystko
(jeżeli słowem tym nie ograniczam)
mają za sobą
(jeśli nie przed sobą) —

Ilu ich wyskoczyło z pędzącego czasu
i w oddaleniu coraz rzewniej znika
(jeżeli warto wierzyć perspektywie) —

Ilu
(jeżeli pytanie ma sens,

ELEGIAC CALCULATION

How many of those I knew
(if I really knew them),
men, women
(if the distinction still holds)
have crossed that threshold
(if it is a threshold)
passed over that bridge
(if you can call it a bridge) —

How many, after a shorter or longer life
(if they still see a difference),
good, because it's beginning,
bad, because it's over
(if they don't prefer the reverse),
have found themselves on the far shore
(if they found themselves at all
and if another shore exists) —

I've been given no assurance
as concerns their future fate
(if there is one common fate
and if it is still fate) —

It's all
(if that word's not too confining)
behind them now
(if not before them) —

How many of them leaped from rushing time
and vanished, ever more mournfully, in the distance
(if you put stock in perspective) —

How many
(if the question makes sense,

jeżeli można dojść do sumy ostatecznej,
zanim liczący nie doliczy siebie)
zapadło w ten najgłębszy sen
(jeśli nie ma głębszego) —

Do widzenia.
Do jutra.
Do następnego spotkania.
Już tego nie chcą
(jeżeli nie chcą) powtórzyć.
Zdani na nieskończone
(jeśli nie inne) milczenie.
Zajęci tylko tym
(jeżeli tylko tym)
do czego ich przymusza nieobecność.

if one can verify a final sum
without including oneself)
have sunk into that deepest sleep
(if there's nothing deeper) —

See you soon.
See you tomorrow.
See you next time.
They don't want
(if they don't want) to say that anymore.
They've given themselves up to endless
(if not otherwise) silence.
They're only concerned with that
(if only that)
which their absence demands.

KOT W PUSTYM MIESZKANIU

Umrzeć — tego nie robi się kotu.
Bo co ma począć kot
w pustym mieszkaniu.
Wdrapywać się na ściany.
Ocierać między meblami.
Nic niby tu nie zmienione,
a jednak pozamieniane.
Niby nie przesunięte,
a jednak porozsuwane.
I wieczorami lampa już nie świeci.

Słychać kroki na schodach,
ale to nie te.
Ręka, co kładzie rybę na talerzyk,
także nie ta, co kładła.

Coś się tu nie zaczyna
w swojej zwykłej porze.
Coś się tu nie odbywa
jak powinno.
Ktoś tutaj był i był,
a potem nagle zniknął
i uporczywie go nie ma.

Do wszystkich szaf się zajrzało.
Przez półki przebiegło.
Wcisnęło się pod dywan i sprawdziło.
Nawet złamało zakaz
i rozrzuciło papiery.
Co więcej jest do zrobienia.
Spać i czekać.

Niech no on tylko wróci,
niech no się pokaże.

CAT IN AN EMPTY APARTMENT

Die — you can't do that to a cat.
Since what can a cat do
in an empty apartment?
Climb the walls?
Rub up against the furniture?
Nothing seems different here,
but nothing is the same.
Nothing has been moved,
but there's more space.
And at nighttime no lamps are lit.

Footsteps on the staircase,
but they're new ones.
The hand that puts fish on the saucer
has changed, too.

Something doesn't start
at its usual time.
Something doesn't happen
as it should.
Someone was always, always here,
then suddenly disappeared
and stubbornly stays disappeared.

Every closet has been examined.
Every shelf has been explored.
Excavations under the carpet turned up nothing.
A commandment was even broken:
papers scattered everywhere.
What remains to be done.
Just sleep and wait.

Just wait till he turns up,
just let him show his face.

347

Już on się dowie,
że tak z kotem nie można.
Będzie się szło w jego stronę
jakby się wcale nie chciało,
pomalutku,
na bardzo obrażonych łapach.
I żadnych skoków pisków na początek.

Will he ever get a lesson
on what not to do to a cat.
Sidle toward him
as if unwilling
and ever so slow
on visibly offended paws,
and no leaps or squeals at least to start.

POŻEGNANIE WIDOKU

Nie mam żalu do wiosny,
że znowu nastała.
Nie obwiniam jej o to,
że spełnia jak co roku
swoje obowiązki.

Rozumiem, że mój smutek
nie wstrzyma zieleni.
Źdźbło, jeśli się zawaha,
to tylko na wietrze.

Nie sprawia mi to bólu,
że kępy olch nad wodami
znowu mają czym szumieć.

Przyjmuję do wiadomości,
że — tak jakbyś żył jeszcze —
brzeg pewnego jeziora
pozostał piękny jak był.

Nie mam urazy
do widoku o widok
na olśnioną słońcem zatokę.

Potrafię sobie nawet wyobrazić,
że jacyś nie my
siedzą w tej chwili
na obalonym pniu brzozy.

Szanuję ich prawo
do szeptu, śmiechu
i szczęśliwego milczenia.

Zakładam nawet,
że łączy ich miłość

PARTING WITH A VIEW

I don't reproach the spring
for starting up again.
I can't blame it
for doing what it must
year after year.

I know that my grief
will not stop the green.
The grass blade may bend
but only in the wind.

It doesn't pain me to see
that clumps of alders above the water
have something to rustle with again.

I take note of the fact
that the shore of a certain lake
is still — as if you were living —
as lovely as before.

I don't resent
the view for its vista
of a sun-dazzled bay.

I am even able to imagine
some non-us
sitting at this minute
on a fallen birch trunk.

I respect their right
to whisper, laugh,
and lapse into happy silence.

I can even allow
that they are bound by love

i że on obejmuje ją
żywym ramieniem.

Coś nowego ptasiego
szeleści w szuwarach.
Szczerze im życzę,
żeby usłyszeli.

Żadnej zmiany nie żądam
od przybrzeżnych fal,
to zwinnych, to leniwych
i nie mnie posłusznych.

Niczego nie wymagam
od toni pod lasem,
raz szmaragdowej,
raz szafirowej,
raz czarnej.

Na jedno się nie godzę.
Na swój powrót tam.
Przywilej obecności —
rezygnuję z niego.

Na tyle Cię przeżyłam
i tylko na tyle,
żeby myśleć z daleka.

and that he holds her
with a living arm.

Something freshly birdish
starts rustling in the reeds.
I sincerely want them
to hear it.

I don't require changes
from the surf,
now diligent, now sluggish,
obeying not me.

I expect nothing
from the depths near the woods,
first emerald,
then sapphire,
then black.

There's one thing I won't agree to:
my own return.
The privilege of presence —
I give it up.

I survived you by enough,
and only by enough,
to contemplate from afar.

353

SEANS

Przypadek pokazuje swoje sztuczki.
Wydobywa z rękawa kieliszek koniaku,
sadza nad nim Henryka.
Wchodzę do bistro i staję jak wryty.
Henryk to nie kto inny
jak brat męża Agnieszki,
a Agnieszka to krewna
szwagra cioci Zosi.
Zgadało się, że mamy wspólnego pradziadka.

Przestrzeń w palcach przypadku
rozwija się i zwija,
rozszerza i kurczy.
Dopiero co jak obrus,
a już jak chusteczka.
Zgadnij kogo spotkałam,
i to gdzie, w Kanadzie,
i to po ilu latach.
Myślałam, że nie żyje,
a on w mercedesie.
W samolocie do Aten.
Na stadionie w Tokio.

Przypadek obraca w rękach kalejdoskop.
Migocą w nim miliardy kolorowych szkiełek.
I raptem szkiełko Jasia
brzdęk o szkiełko Małgosi.
Wyobraź sobie, w tym samym hotelu.
Twarzą w twarz w windzie.
W sklepie z zabawkami.
Na skrzyżowaniu Szewskiej z Jagiellońską.

Przypadek jest spowity w pelerynę.
Giną w niej i odnajdują się rzeczy.

SÉANCE

Happenstance reveals its tricks.
It produces, by sleight of hand, a glass of brandy
and sits Henry down beside it.
I enter the bistro and stop dead in my tracks.
Henry — he's none other than
Agnes's husband's brother,
and Agnes is related
to Aunt Sophie's brother-in-law.
It turns out
we've got the same great-grandfather.

In happenstance's hands
space furls and unfurls,
spreads and shrinks.
The tablecloth
becomes a handkerchief.
Just guess whom I ran into
in Canada, of all places,
after all these years.
I thought he was dead,
and there he was, in a Mercedes.
On the plane to Athens.
At a stadium in Tokyo.

Happenstance twirls a kaleidoscope in its hands.
A billion bits of colored glass glitter.
And suddenly Jack's glass
bumps into Jill's.
Just imagine, in this very same hotel.
Face to face in an elevator.
In a toy store.
At the corner of Maple and Pine.

Happenstance is shrouded in a cloak.
Things get lost in it and then are found again.

355

Natknąłem się niechcący.
Schyliłam się i podniosłam.
Patrzę, a to ta łyżka
z ukradzionej zastawy.
Gdyby nie bransoletka,
nie rozpoznałabym Oli,
a na ten zegar natrafiłem w Płocku.

Przypadek zagląda nam głęboko w oczy.
Głowa zaczyna ciążyć.
Opadają powieki.
Chce nam się śmiać i płakać,
bo to nie do wiary —
z czwartej B na ten okręt,
coś w tym musi być.
Chce nam się wołać,
jaki świat jest mały,
jak łatwo go pochwycić
w otwarte ramiona.
I jeszcze chwilę wypełnia nas radość
rozjaśniająca i złudna.

I stumbled on it accidentally.
I bent down and picked it up.
One look and I knew it,
a spoon from that stolen service.
If it hadn't been for that bracelet,
I would never have known Alexandra.
The clock? It turned up in Potterville.

Happenstance looks deep into our eyes.
Our head grows heavy.
Our eyelids drop.
We want to laugh and cry,
it's so incredible.
From fourth-grade home room to that ocean liner.
It has to mean something.
We want to shout:
Small world!
You could almost hug it!
And for a moment we are filled with joy,
radiant and deceptive.

MIŁOŚĆ OD PIERWSZEGO WEJRZENIA

Oboje są przekonani,
że połączyło ich uczucie nagłe.
Piękna jest taka pewność,
ale niepewność piękniejsza.

Sądzą, że skoro nie znali się wcześniej,
nic między nimi nigdy się nie działo.
A co na to ulice, schody, korytarze,
na których mogli się od dawna mijać?

Chciałabym ich zapytać,
czy nie pamiętają —
może w drzwiach obrotowych
kiedyś twarzą w twarz?
jakieś „przepraszam" w ścisku?
głos „pomyłka" w słuchawce?
— ale znam ich odpowiedź.
Nie, nie pamiętają.

Bardzo by ich zdziwiło,
że od dłuższego już czasu
bawił się nimi przypadek.

Jeszcze nie całkiem gotów
zamienić się dla nich w los,
zbliżał ich i oddalał,
zabiegał im drogę
i tłumiąc chichot
odskakiwał w bok.

Były znaki, sygnały,
cóż z tego, że nieczytelne.
Może trzy lata temu
albo w zeszły wtorek

LOVE AT FIRST SIGHT

They're both convinced
that a sudden passion joined them.
Such certainty is beautiful,
but uncertainty is more beautiful still.

Since they'd never met before, they're sure
that there'd been nothing between them.
But what's the word from the streets, staircases, hallways —
perhaps they've passed by each other a million times?

I want to ask them
if they don't remember —
a moment face to face
in some revolving door?
perhaps a "sorry" muttered in a crowd?
a curt "wrong number" caught in the receiver? —
but I know the answer.
No, they don't remember.

They'd be amazed to hear
that Chance has been toying with them
now for years.

Not quite ready yet
to become their Destiny,
it pushed them close, drove them apart,
it barred their path,
stifling a laugh,
and then leaped aside.

There were signs and signals,
even if they couldn't read them yet.
Perhaps three years ago
or just last Tuesday

pewien listek przefrunął
z ramienia na ramię?
Było coś zgubionego i podniesionego.
Kto wie, czy już nie piłka
w zaroślach dzieciństwa?

Były klamki i dzwonki,
na których zawczasu
dotyk kładł się na dotyk.
Walizki obok siebie w przechowalni.
Był może pewnej nocy jednakowy sen,
natychmiast po zbudzeniu zamazany.

Każdy przecież początek
to tylko ciąg dalszy,
a księga zdarzeń
zawsze otwarta w połowie.

a certain leaf fluttered
from one shoulder to another?
Something was dropped and then picked up.
Who knows, maybe the ball that vanished
into childhood's thicket?

There were doorknobs and doorbells
where one touch had covered another
beforehand.
Suitcases checked and standing side by side.
One night, perhaps, the same dream
grown hazy by morning.

Every beginning
is only a sequel, after all,
and the book of events
is always open halfway through.

Jedna z tych wielu dat,
które nie mówią mi już nic.

Dokąd w tym dniu chodziłam,
co robiłam — nie wiem.

Gdyby w pobliżu popełniono zbrodnię
— nie miałabym alibi.

Słońce błysło i zgasło
poza moją uwagą.
Ziemia się obróciła
bez wzmianki w notesie.

Lżej by mi było myśleć,
że umarłam na krótko,
niż że nic nie pamiętam,
choć żyłam bez przerwy.

Nie byłam przecież duchem,
oddychałam, jadłam,
stawiałam kroki,
które było słychać,
a ślady moich palców
musiały zostać na klamkach.

Odbijałam się w lustrze.
Miałam na sobie coś w jakimś kolorze.
Na pewno kilku ludzi mnie widziało.

Może w tym dniu
znalazłam rzecz zgubioną wcześniej.
Może zgubiłam znalezioną później.

One of those many dates
that no longer ring a bell.

Where I was going that day,
what I was doing — I don't know.

Whom I met, what we talked about,
I can't recall.

If a crime had been committed nearby,
I wouldn't have had an alibi.

The sun flared and died
beyond my horizons.
The earth rotated
unnoted in my notebooks.

I'd rather think
that I'd temporarily died
than that I kept on living
and can't remember a thing.

I wasn't a ghost, after all.
I breathed, I ate,
I walked.
My steps were audible,
my fingers surely left
their prints on doorknobs.

Mirrors caught my reflection.
I wore something or other in such-and-such a color.
Somebody must have seen me.

Maybe I found something that day
that had been lost.
Maybe I lost something that turned up later.

Wypełniały mnie uczucia i wrażenia.
Teraz to wszystko
jak kropki w nawiasie.

Gdzie się zaszyłam,
gdzie się pochowałam —
to nawet niezła sztuczka
tak samej sobie zejść z oczu.

Potrząsam pamięcią —
może coś w jej gałęziach
uśpione od lat
poderwie się z furkotem.

Nie.
Najwyraźniej za dużo wymagam,
bo aż jednej sekundy.

I was filled with feelings and sensations.
Now all that's like
a line of dots in parentheses.

Where was I hiding out,
where did I bury myself?
Not a bad trick
to vanish before my own eyes.

I shake my memory.
Maybe something in its branches
that has been asleep for years
will start up with a flutter.

No.
Clearly I'm asking too much.
Nothing less than one whole second.

MOŻE TO WSZYSTKO

Może to wszystko
dzieje się w laboratorium?
Pod jedną lampą w dzień
i miliardami w nocy?

Może jesteśmy pokolenia próbne?
Przesypywani z naczynia w naczynie,
potrząsani w retortach,
obserwowani czymś więcej niż okiem,
każdy z osobna
brany na koniec w szczypczyki?

Może inaczej:
żadnych interwencji?
Zmiany zachodzą same
zgodnie z planem?
Igła wykresu rysuje pomału
przewidziane zygzaki?

Może jak dotąd nic w nas ciekawego?
Monitory kontrolne włączane są rzadko?
Tylko gdy wojna i to raczej duża,
niektóre wzloty ponad grudkę Ziemi,
czy pokaźne wędrówki z punktu A do B?

Może przeciwnie:
gustują tam wyłącznie w epizodach?
Oto mała dziewczynka na wielkim ekranie
przyszywa sobie guzik do rękawa.
Czujniki pogwizdują,
personel się zbiega.
Ach cóż to za istotka
z bijącym w środku serduszkiem!

MAYBE ALL THIS

Maybe all this
is happening in some lab?
Under one lamp by day
and billions by night?

Maybe we're experimental generations?
Poured from one vial to the next,
shaken in test tubes,
not scrutinized by eyes alone,
each of us separately
plucked up by tweezers in the end?

Or maybe it's more like this:
No interference?
The changes occur on their own
according to plan?
The graph's needle slowly etches
its predictable zigzags?

Maybe thus far we aren't of much interest?
The control monitors aren't usually plugged in?
Only for wars, preferably large ones,
for the odd ascent above our clump of Earth,
for major migrations from point A to B?

Maybe just the opposite:
They've got a taste for trivia up there?
Look! on the big screen a little girl
is sewing a button on her sleeve.
The radar shrieks,
the staff comes at a run.
What a darling little being
with its tiny heart beating inside it!

367

Jaka wdzięczna powaga
w przewlekaniu nitki!
Ktoś woła w uniesieniu:
Zawiadomić Szefa,
niech przyjdzie i sam popatrzy!

How sweet, its solemn
threading of the needle!
Someone cries enraptured:
Get the Boss,
tell him he's got to see this for himself!

KOMEDYJKI

Jeśli są aniołowie,
nie czytają chyba
naszych powieści
o zawiedzionych nadziejach.

Obawiam się — niestety —
że i naszych wierszy
z pretensjami do świata.

Wrzaski i drgawki
naszych teatralnych sztuk
muszą ich — podejrzewam —
niecierpliwić.

W przerwach od swoich zajęć
anielskich czyli nieludzkich
przypatrują się raczej
naszym komedyjkom
z czasów filmu niemego.

Bardziej od lamentników,
rozdzieraczy szat
i zgrzytaczy zębami
cenią sobie — jak myślę —
tego nieboraka,
co chwyta za perukę tonącego
albo zajada z głodu
własne sznurowadła.

Od pasa w górę gors i aspiracje
a niżej przerażona mysz
w nogawce spodni.
O tak,
to musi ich serdecznie bawić.

SLAPSTICK

If there are angels,
I doubt they read
our novels
concerning thwarted hopes.

I'm afraid, alas,
they never touch the poems
that bear our grudges against the world.

The rantings and railings
of our plays
must drive them, I suspect,
to distraction.

Off-duty, between angelic —
i. e., inhuman — occupations,
they watch instead
our slapstick
from the age of silent film.

To our dirge wailers,
garment renders,
and teeth gnashers,
they prefer, I suppose,
that poor devil
who grabs the drowning man by his toupee
or, starving, devours his own shoelaces
with gusto.

From the waist up, starch and aspirations;
below, a startled mouse
runs down his trousers.
I'm sure
that's what they call real entertainment.

371

Gonitwa w kółko
zamienia się w ucieczkę przed uciekającym.
Światło w tunelu
okazuje się okiem tygrysa.
Sto katastrof
to sto pociesznych koziołków
nad stoma przepaściami.

Jeśli są aniołowie,
powinna — mam nadzieję —
trafiać im do przekonania
ta rozhuśtana na grozie wesołość,
nie wołająca nawet ratunku ratunku,
bo wszystko dzieje się w ciszy.

Ośmielam się przypuszczać,
że klaszczą skrzydłami
a z ich oczu spływają łzy
przynajmniej śmiechu.

A crazy chase in circles
ends up pursuing the pursuer.
The light at the end of the tunnel
turns out to be a tiger's eye.
A hundred disasters
mean a hundred comic somersaults
turned over a hundred abysses.

If there are angels,
they must, I hope,
find this convincing,
this merriment dangling from terror,
not even crying Save Me Save Me
since all of this takes place in silence.

I can even imagine
that they clap their wings
and tears run from their eyes
from laughter, if nothing else.

NIC DAROWANE

Nic darowane, wszystko pożyczone.
Tonę w długach po uszy.
Będę zmuszona sobą
zapłacić za siebie,
za życie oddać życie.

Tak to już urządzone,
że serce do zwrotu
i wątroba do zwrotu
i każdy palec z osobna.

Za późno na zerwanie warunków umowy.
Długi będą ściągnięte ze mnie
wraz ze skórą.

Chodzę po świecie
w tłumie innych dłużników.
Na jednych ciąży przymus
spłaty skrzydeł.
Drudzy chcąc nie chcąc
rozliczą się z liści.

Po stronie Winien
wszelka tkanka w nas.
Żadnej rzęski, szypułki
do zachowania na zawsze.

Spis jest dokładny
i na to wygląda,
że mamy zostać z niczym.

Nie mogę sobie przypomnieć
gdzie, kiedy i po co

NOTHING'S A GIFT

Nothing's a gift, it's all on loan.
I'm drowning in debts up to my ears.
I'll have to pay for myself
with my self,
give up my life for my life.

Here's how it's arranged:
The heart can be repossessed,
the liver, too,
and each single finger and toe.

Too late to tear up the terms,
my debts will be repaid,
and I'll be fleeced,
or, more precisely, flayed.

I move about the planet
in a crush of other debtors.
Some are saddled with the burden
of paying off their wings.
Others must, willy-nilly,
account for every leaf.

Every tissue in us lies
on the debit side.
Not a tentacle or tendril
is for keeps.

The inventory, infinitely detailed,
implies we'll be left
not just empty-handed
but handless, too.

I can't remember
where, when, and why

375

pozwoliłam otworzyć sobie
ten rachunek.

Protest przeciwko niemu
nazywamy duszą.
I to jest to jedyne,
czego nie ma w spisie.

I let someone open
this account in my name.

We call the protest against this
the soul.
And it's the only item
not included on the list.

WERSJA WYDARZEŃ

Jeżeli pozwolono nam wybierać,
zastanawialiśmy się chyba długo.

Proponowane ciała były niewygodne
i niszczyły się brzydko.

Mierziły nas
sposoby zaspokajania głodu,
odstręczało
bezwolne dziedziczenie cech
i tyrania gruczołów.

Świat, co miał nas otaczać,
był w bezustannym rozpadzie.
Szalały sobie na nim skutki przyczyn.

Z podanych nam do wglądu
poszczególnych losów
odrzuciliśmy większość
ze smutkiem i zgrozą.

Nasuwały się takie na przykład pytania
czy warto rodzić w bólach
martwe dziecko
i po co być żeglarzem,
który nie dopłynie.

Godziliśmy się na śmierć,
ale nie w każdej postaci.
Pociągała nas miłość,
dobrze, ale miłość
dotrzymująca obietnic.

ONE VERSION OF EVENTS

If we'd been allowed to choose,
we must have gone on forever.

The bodies that were offered didn't fit,
and wore out horribly.

The ways of sating hunger
made us sick.
We were repelled
by blind heredity
and the tyranny of glands.

The world that was meant to embrace us
decayed without end
and the effects of causes raged over it.

Individual fates
were presented for our inspection:
appalled and grieved,
we rejected most of them.

Questions naturally arose, e. g.,
who needs the painful birth
of a dead child
and what's in it for a sailor
who will never reach the shore.

We agreed to death,
but not to every kind.
Love attracted us,
of course, but only love
that keeps its word.

Od służby sztuce
odstraszały nas
zarówno chwiejność ocen
jak i nietrwałość arcydzieł.

Każdy chciał mieć ojczyznę bez sąsiadów
i przeżyć życie
w przerwie między wojnami.

Nikt z nas nie chciał brać władzy
ani jej podlegać,
nikt nie chciał być ofiarą
własnych i cudzych złudzeń,
nie było ochotników
do tłumów, pochodów
a już tym bardziej do ginących plemion
— bez czego jednak dzieje
nie mogłyby się w żaden sposób toczyć
przez przewidziane wieki.

Tymczasem spora ilość
zaświeconych gwiazd
zgasła już i wystygła.
Była najwyższa pora na decyzję.

Przy wielu zastrzeżeniach
zjawili się nareszcie kandydaci
na niektórych odkrywców i uzdrowicieli,
na kilku filozofów bez rozgłosu,
na paru bezimiennych ogrodników,
sztukmistrzów i muzykantów
— choć z braku innych zgłoszeń
nawet i te żywoty
spełnić by się nie mogły.

Należało raz jeszcze
całą rzecz przemyśleć.

Została nam złożona
oferta podróży,
z której przecież wrócimy
szybko i na pewno.

Both fickle standards
and the impermanence of art works
kept us wary of the Muses' service.

Each of us wished to have a homeland
free of neighbors
and to live his entire life
in the intervals between wars.

No one wished to seize power
or to be subject to it.
No one wanted to fall victim
to his own or others' delusions.
No one volunteered
for crowd scenes and processions,
to say nothing of dying tribes —
although without all these
history couldn't run its charted course
through centuries to come.

Meanwhile, a fair number
of stars lit earlier
had died out and grown cold.
It was high time for a decision.

Voicing numerous reservations,
candidates finally emerged
for a number of roles as healers and explorers,
a few obscure philosophers,
one or two nameless gardeners,
artists and virtuosos —
though even these livings
couldn't all be filled
for lack of other kinds of applications.

It was time to think
the whole thing over.

We'd been offered a trip
from which we'd surely be returning soon,
wouldn't we.

Pobyt poza wiecznością,
bądź co bądź jednostajną
i nie znającą upływu
mógł się już nigdy więcej nie powtórzyć.

Opadły nas wątpliwości,
czy wiedząc wszystko z góry
wiemy naprawdę wszystko.

Czy wybór tak przedwczesny
jest jakimkolwiek wyborem
i czy nie lepiej będzie
puścić go w niepamięć,
a jeżeli wybierać
— to wybierać tam.

Spojrzeliśmy na Ziemię.
Żyli już na niej jacyś ryzykanci.

Słaba roślina
czepiała się skały
z lekkomyślną ufnością,
że nie wyrwie jej wiatr.

Niewielkie zwierzę
wygrzebywało się z nory
z dziwnym dla nas wysiłkiem i nadzieją.

Wydaliśmy się sobie zbyt ostrożni,
małostkowi i śmieszni.

Wkrótce zaczęło nas zresztą ubywać.
Najniecierpliwsi gdzieś się nam podziali.
Poszli na pierwszy ogień
— tak, to było jasne.
Rozpalali go właśnie
na stromym brzegu rzeczywistej rzeki.

Kilkoro
wyruszało już nawet z powrotem.
Ale nie w naszą stronę.
I jakby coś pozyskanego? niosąc?

A trip outside eternity —
monotonous, no matter what they say,
and foreign to time's flow.
The chance may never come our way again.

We were besieged by doubts.
Does knowing everything beforehand
really mean knowing everything.

Is a decision made in advance
really any kind of choice.
Wouldn't we be better off
dropping the subject
and making our minds up
once we get there.

We looked at the earth.
Some daredevils were already living there.

A feeble weed
clung to a rock,
trusting blindly
that the wind wouldn't tear it off.

A small animal
dug itself from its burrow
with an energy and hope
that puzzled us.

We struck ourselves as prudent,
petty, and ridiculous.

In any case, our ranks began to dwindle.
The most impatient of us disappeared.
They'd left for the first trial by fire,
this much was clear,
especially by the glare of the real fire
they'd just begun to light
on the steep bank of an actual river.

A few of them
have actually turned back.
But not in our direction.
And with something they seemed to have won in their hands.

WIELKIE TO SZCZĘŚCIE

Wielkie to szczęście
nie wiedzieć dokładnie,
na jakim świecie się żyje.

Trzeba by było
istnieć bardzo długo,
stanowczo dłużej
niż istnieje on.

Choćby dla porównania
poznać inne światy.

Unieść się ponad ciało
które niczego tak dobrze nie umie,
jak ograniczać
i stwarzać trudności.

Dla dobra badań,
jasności obrazu
i ostatecznych wniosków
wzbić się ponad czas,
w którym to wszystko pędzi i wiruje.

Z tej perspektywy
żegnajcie na zawsze
szczegóły i epizody.

Liczenie dni tygodnia
musiałoby się wydać
czynnością bez sensu,

wrzucenie listu do skrzynki
wybrykiem głupiej młodości,

napis „Nie deptać trawy"
napisem szalonym.

WE'RE EXTREMELY FORTUNATE

We're extremely fortunate
not to know precisely
the kind of world we live in.

One would have
to live a long, long time,
unquestionably longer
than the world itself.

Get to know other worlds,
if only for comparison.

Rise above the flesh,
which only really knows
how to obstruct
and make trouble.

For the sake of research,
the big picture
and definitive conclusions,
one would have to transcend time,
in which everything scurries and whirls.

From that perspective,
one might as well bid farewell
to incidents and details.

The counting of weekdays
would inevitably seem to be
a senseless activity;

dropping letters in the mailbox
a whim of foolish youth;

the sign "No Walking On The Grass"
a symptom of lunacy.

„GRETA GARBO ŚWIATOWEJ POEZJI" — takim oto obwieszczeniem uraczył nas włoski dziennik „La Repubblica". Spośród podejmowanych do tej pory przez środki masowego przekazu na całym świecie prób doczepienia jakiejś identyfikującej przywieszki do postaci tegorocznej laureatki Nagrody Nobla w dziedzinie literatury — nagłówek ten jest z pewnością próbą najzabawniejszą. Zawarte w nim porównanie nieodparcie bawi — dzięki temu, że jednocześnie tak bardzo odpowiada i tak bardzo nie odpowiada rzeczywistości. Wystarczy znać Wisławę Szymborską osobiście, aby przyznać, że istotnie ma ona w sobie coś z uroku i subtelności sławnej Szwedki. A jednak jej niechęć do stawania w świetle reflektorów i zabierania głosu na forum publicznym nie uczyniła z niej nigdy odludka. Równie ważnym jak inteligencja, dowcip i mądrość składnikiem tego zespołu jakości, który czyni poetkę osobą tak niezwykłą, a każdy jej wiersz — czymś tak niezapomnianym, jest ciepło ludzkiej sympatii. Lubimy tę poezję, ponieważ wyczuwamy instynktownie, że jej autorka autentycznie (choć bynajmniej nie bezkrytycznie) lubi nas, jest nas ciekawa, gotowa będzie zawsze wysłuchać tego, co my, ludzie, mamy do powiedzenia.

Wspomniałem o niechęci do zabierania głosu i w samej rzeczy tegoroczna decyzja sztokholmskiego komitetu stanowi, między innymi, przykład triumfu jakości nad ilością. Szymborska należy do grona najmniej wydajnych spośród wielkich poetów naszych czasów; nigdy zapewne Nagroda Nobla nie dostała się poecie, który by napisał mniej wierszy. W ciągu ostatnich trzech dziesięcioleci każda publikacja jej nowego wiersza w prasie literackiej była rzadkim wydarzeniem, a jej cienkie tomiki, ogłaszane w siedmio- do dziesięcioletnich odstępach, przypominają pod tym względem równie nieczęsto ogłaszane zbiory Philipa Larkina czy Elizabeth Bishop. Nie ma to nic wspólnego z tzw. zablokowaniem pisarskim: jest raczej tak, że Szymborska umyślnie pisze mało, ponieważ stawia sobie samej najwyższe wymagania. Ta autorka, całkiem po prostu, nie pisze wierszy nieistotnych. Jest poetką, której każdy utwór ma swoją wagę i znaczenie.

---

* Przekład artykułu *The Reluctant Poet* ogłoszonego w „The New York Times Book Review", 27 października 1996.

"THE GRETA GARBO OF WORLD POETRY," trumpeted a headline in the Italian daily *La Repubblica*; it has so far been easily the most amusing among the attempts of the news media worldwide to attach some identity tag to this year's Nobel laureate in literature. What makes the comparison genuinely funny is that it's true and untrue at the same time. Those who know Wisława Szymborska personally will be the first to admit that she indeed has something of the famous Swede's charm and subtlety. Yet her reticence and dislike of being in the spotlight have never turned her into a recluse. Wit, wisdom, and warmth are equally important ingredients in the mixture of qualities that makes her so unusual and every poem of hers so unforgettable. We love her poetry because we instinctively feel that its author genuinely (though by no means uncritically) loves us, takes interest in us, will be always there to hear what we, human beings, have to say.

I have mentioned reticence, and the 1996 decision of the Stockholm committee represents, among other things, a triumph of quality over quantity. Szymborska is among the least prolific major poets of our time; there has perhaps been no Nobel Prize-winning poet who has written less verse. Over the past three decades she has published very sparingly in the Polish literary press and her slim collections, published at seven- to ten-year intervals, recall in their infrequency those of Philip Larkin or Elizabeth Bishop. This has nothing to do with writer's block: rather, she writes deliberately little because she holds the highest standards for herself. Wisława Szymborska, quite simply, does not write irrelevant poems. She is a poet for whom each and every poem matters.

---

* First published as "The Reluctant Poet", *The New York Times Book Review*, Oct 27, 1996.

Urodzona w r. 1923, Szymborska debiutowała wydanym w 1952 socrealistycznym tomikiem zatytułowanym *Dlatego żyjemy*. (Debiut opóźnił się o dobre parę lat, przedłożony wydawnictwu tekst uznano bowiem za nie dość poprawny ideologicznie.) Jej zbiorek drugi, *Pytania zadawane sobie*, ukazał się w 1954. Właśnie w szczelinie znaczeniowej pomiędzy tymi dwoma tytułami można po raz pierwszy dostrzec prawdziwą Szymborską, poetkę, która swoją dojrzałość osiągnęła w tomie trzecim, *Wołanie do Yeti* (1957). Młodzieńcza pewność siebie, pobrzmiewająca w tytule pierwszego tomu, w tytule drugiego ustępuje pełnym wątpliwości „pytaniom zadawanym sobie"; co zapewne jeszcze bardziej znaczące, ukryte w tym ostatnim zaimku pojedyncze „ja" zajmuje miejsce zbiorowego „my".

W jednym z bardzo nielicznych wywiadów udzielonych przez Szymborską w trakcie jej twórczej kariery poetka stwierdziła, że błędem jej literackiej młodości było to, iż usiłowała kochać ludzkość, zamiast kochać ludzi. Można by dodać, że estetyka socrealizmu wymagała od poety umiłowania całego gatunku ludzkiego, zarazem paradoksalnie zacieśniając wielowymiarowość ludzkiego życia do jednego tylko — społecznego — wymiaru; odwrotnie rzecz biorąc, właśnie skupienie uwagi na jednostce pozwoliło Szymborskiej — nie mniej paradoksalnie — postrzegać rzeczywistość ludzką w całej jej kłopotliwej złożoności.

Wśród osiągnięć poetki najbardziej niezwykłym jest to, że w jakiś tajemniczy i godny pozazdroszczenia sposób udaje się jej w każdym wierszu pogodzić bezkompromisową głębię myślową z całkowitą przystępnością. W ciągu ostatniego dziesięciolecia popularność Szymborskiej w Polsce osiągnęła niebywałe rozmiary; niektóre z jej najnowszych wierszy, takie jak zadziwiający i poruszający *Kot w pustym mieszkaniu* (w którym nieobecność kogoś niedawno zmarłego ukazana jest z perspektywy pozostałego po nim domowego zwierzęcia), stały się już wśród ich polskich czytelników przedmiotami swoistego kultu. Masowa popularność poety bywa z reguły towarem nabywanym w zamian za pewne ustępstwa; jej ceną jest zazwyczaj wyrzeczenie się przez poetę co najmniej części tego, co składa się na naturalną złożoność jego osobowości. Szymborska, całkiem przeciwnie, wydaje się obdarzona niemal nadludzkimi zdolnościami godzenia złożoności ze zrozumiałością, komplikacji z klarownością, pozycji na uboczu — z postawą uczestniczenia.

Jeśli ten sekret da się czymś wyjaśnić, to chyba tylko mądrością poetki — mądrością, która pozwoliła jej zdać sobie sprawę, że w naszych czasach poezja potrafi pociągać już nie swoimi możliwościami wypowiadania twierdzeń, ale raczej swoją sztuką zadawania pytań. W całej twórczości poetki z uderzającą częstotliwością i siłą daje znać o swojej obecności model poszukiwania odpowiedzi, dopytywania się, „pytań zadawanych sobie" i innym. W zakończeniu wiersza *Schyłek wieku* pojawia się zaskakujący, ale trafny przymiotnik, określający szczególną cechę łączącą wszystkie te pytania:

Born in 1923, she made her debut with a Socialist Realist collection titled *That's What We Live For* in 1952. (The manuscript was initially considered not ideologically correct enough, and its publication dragged on for years.) Her second collection, *Questions Put to Myself,* came out in 1954. It is in the semantic hiatus between these two titles that we can catch the first glimpse of the genuine Szymborska, who reached her maturity with her third collection, in 1957, *Calling Out to Yeti.* The youthful self-confidence of the first book's title gives way to self-doubt; perhaps most significant, the plural "we" is replaced with the singular "myself."

In one of the very few interviews Szymborska has given in the course of her career, she said that in her early writing she tried to love humankind instead of human beings. One might add that the esthetics of Socialist Realism demanded love for nothing less than humankind while at the same time, ironically, narrowing the multidimensionality of human life down to just one, social, dimension; it is Szymborska's focus on the individual that allows her to view human reality in all its troublesome complication.

The most extraordinary thing about her achievement is that, in some mysterious and enviable way, the uncompromising profundity of her poems never prevents them from being accessible. Over the past decade her popularity in Poland has reached staggering proportions; some of her recent poems, like the amazing and moving *Cat in an Empty Apartment* (in which the absence of someone who is dead is presented from the perspective of the house pet he left behind), have already acquired the status of cult objects among Polish readers. As a rule, a poet's popular appeal is a commodity purchased in exchange for some concessions, for the poet's renunciation of at least a part of what constitutes the natural complexity of his or her self. In contrast, Szymborska seems to be endowed with an almost superhuman ability to be complex yet comprehensible, ambitious yet approachable, individualistic yet involved.

If this secret can be explained, it will have to do with Szymborska's being wise enough to realize that what attracts people to poetry today is not its potential for making statements but rather its art of asking questions. The model of inquiry or self-inquiry, of asking "questions put to myself" as well as others, makes its presence felt with striking frequency and insistence throughout her entire work. In the concluding part of her poem *The Century's Decline* she uses a surprising yet apt adjective to denote the specific quality that marks all the "questions" she asks:

Jak żyć — spytał mnie w liście ktoś,
kogo ja zamierzałam spytać
o to samo.

(...) nie ma pytań pilniejszych
od pytań naiwnych.

Przystępność poezji Szymborskiej bierze się stąd, że zadawane przez nią
bez przerwy „pilne pytania" są — na pierwszy rzut oka przynajmniej —
równie „naiwne" jak te, które zadaje na co dzień szary człowiek, każdy
z nas. Mistrzostwo tej poezji polega natomiast na tym, że w procesie
dopytywania się poetka posuwa się znacznie dalej, niż potrafiłby to uczynić
szary człowiek. Wiele z jej wierszy rozpoczyna się w sposób prowokacyjny,
od pytania, obserwacji czy stwierdzenia brzmiącego nieomal szablonowo,
aby tym silniej nas zaskoczyć swoim niespodziewanym, a przecież logicz-
nym rozwinięciem. Cóż banalniejszego niż spostrzeżenie, że nic nie zdarza
się dwukrotnie? A jednak kolejne trzy linijki, doprowadzając tę myśl do
końca, otwierają przed nami zaskakującą wizję ludzkiej egzystencji:

Nic dwa razy się nie zdarza
i nie zdarzy. Z tej przyczyny
zrodziliśmy się bez wprawy
i pomrzemy bez rutyny.

W podobny sposób tytułowy wiersz w ostatnim zbiorze Szymborskiej,
Koniec i początek (1993), rozpoczyna się od stwierdzenia, które brzmi tak
rozbrajająco trywialnie, że na pozór nie ma w nim ani śladu poetyckiego
odkrycia:

Po każdej wojnie
ktoś musi posprzątać.
Jaki taki porządek
sam się przecież nie zrobi.

A jednak „naiwne pytanie" wpisane w ten wiersz dotyczy tak „pilnego"
zagadnienia, jak ni mniej, ni więcej, tylko sens ludzkiej historii — czy
może raczej jej bezsensowność. Typowo „szymborskie" jest w tym wierszu
to, że jego początkowa naiwność niemal niezauważalnie przenosi się na
inną płaszczyznę znaczeń. Czynność „sprzątania" przeobraża się, na mocy
metaforycznego równania, w proces zapominania. Dokładnie tak jak
uprząta się gruzy po wojnie, należy usunąć z umysłu pamięć wyrządzanego
przez ludzi zła; gdyby tego nie uczynić, ciężar życia okazałby się nie do

"How should we live?" someone asked me in a letter.
I had meant to ask him
the same question.

...[T]he most pressing questions
are naive ones.

The accessibility of Szymborska's poetry stems from the fact that the "pressing questions" she keeps asking are, at least at first sight, as "naive" as those of the man in the street. The brilliance of her poetry lies in pushing the inquiry much farther than the man in the street ever would. Many of her poems start provocatively, with a question, observation or statement that seems downright trite, only to surprise us with its unexpected yet logical continuation. What can be more banal than noting that nothing happens twice? And yet the next three lines, by pursuing this thought to its end, offer a startling view of human existence:

Nothing can ever happen twice.
In consequence, the sorry fact is
that we arrive here improvised
and leave without the chance to practice.

Similarly, the title poem in Szymborska's latest collection, *The End and the Beginning* (1993), opens with a statement that sounds so disarmingly trivial that it seems not to contain any revelation at all:

After every war
someone has to tidy up.
Things won't pick
themselves up, after all.

Yet the "naive question" implied in this poem concerns no less pressing an issue than the meaning of human history — or perhaps the senselessness of it. What makes this poem typically Szymborskian is that its initial naiveté almost imperceptibly moves to another plane. The action of "cleaning up the mess" turns, by metaphoric equation, into the process of forgetting. Just as you must remove the rubble after the war, you must remove the remembrance of human evil; otherwise, the burden of living

zniesienia. To jednakże oznacza, że historia niczego nas nie uczy. Nasza zdolność do zapominania pomaga żyć, ale skazuje nas zarazem na wielokrotne popełnianie tych samych tragicznych błędów.

Typowa sytuacja liryczna, na jakiej opiera się wiersz Szymborskiej, to konfrontacja pomiędzy bezpośrednio czy pośrednio wypowiedzianą opinią na jakiś temat oraz „naiwnym pytaniem", które słuszność tej opinii kwestionuje. Opinia nie tylko odzwierciedla jakieś powszechnie podzielane mniemanie albo jest znamienna dla rozpowszechnionego typu mentalności, lecz w dodatku trąci z reguły doktrynerską demagogią: stojącą za nią filozofię cechuje zazwyczaj spekulatywność, antyempiryczność, skłonność do pośpiesznych uogólnień, kolektywizm, dogmatyzm i nietolerancyjność.

Najcelniejszym spostrzeżeniem Szymborskiej jest w tym wszystkim obserwacja, że to właśnie sam dogmatyzm „opinii" popycha do działania „naiwność" pytań. Opinia dogmatyczna jest zarazem, co naturalne, zadufana i kategoryczna; wystarcza jej zatem, że logiczną czy moralną dziurawość swoich tez zasłania łatami widocznych na pierwszy rzut oka uproszczeń, nie usprawiedliwionych uogólnień i ślepo optymistycznych (albo ślepo pesymistycznych) przepowiedni. Łaty takie, szczególnie łatwo dostrzegalne, aż się proszą o ironię ze strony sceptycznego indywidualisty. Właśnie do tego sprowadza się u Szymborskiej rozumienie funkcji pełnionej przez poetę. Poeta według niej powinien psuć zabawę, przeszkadzać w grze. Powinien demaskować każde oszustwo, odsłaniać każdą nieczystą sztuczkę w partii rozgrywanej przez ziemskie i nieziemskie moce; partii, w której naczelną strategią jest dogmatyczne uogólnienie, a stawką — dusza każdego z nas.

Stanisław Barańczak

Październik 1996

would be unbearable. But this means that we never learn from history. Our ability to forget makes us, at the same time, repeatedly commit the same tragic blunders.

The typical lyrical situation on which a Szymborska poem is founded is the confrontation between the directly stated or implied opinion on an issue and the "naive question" that raises doubt about its validity. The opinion not only reflects some widely shared belief or is representative of some widespread mind-set, but also, as a rule, has a certain doctrinaire ring to it: the philosophy behind it is usually speculative, anti-empirical, prone to hasty generalizations, collectivist, dogmatic, and intolerant.

Szymborska's finest point is that it is the very dogmatism of the opinion that prompts the naiveté of the question. Being dogmatic, the opinion is naturally self-confident and categorical as well, and may end up patching its logical, moral etc. holes by resorting to blatant oversimplifications, unjustified generalizations, and blindly optimistic (or blindly pessimistic) predictions. Such patches, particularly easy to discern, almost invite the irony of the skeptical individualist. Thus, Szymborska's notion of the function of the poet: the poet should be a spoilsport. The poet should be someone who calls any bluff and lays bare any dirty trick in the game played by the earthly and unearthly powers, where the chief gambling strategy is dogmatic generalization and the stakes are the souls of each and every one of us.

Stanisław Barańczak

October, 1996

SERIA DWUJĘZYCZNA
w Wydawnictwie Literackim
w sprzedaży

Antologia, *Sto wierszy polskich — Hundert polnische Gedichte*
— w wyborze i przekładzie Karla Dedeciusa

Paul Celan, *Utwory wybrane — Ausgewählte Gedichte und Prosa*
— tłumacze różni

Zbigniew Herbert, *Poezje wybrane — Selected Poems*
— przekład John i Bogdana Carpenter, Czesław Miłosz, Peter Dale Scott

Ewa Lipska, *Białe truskawki — White Strawberries*
— przekład Barbara Plebanek i Tony Howard

Ewa Lipska, *Życie zastępcze — Ersatzleben*
— przekład Alois Woldan

Osip Mandelsztam, *Nikomu ani słowa... — Не говори никому...*
— tłumacze różni

Czesław Miłosz, *Poezje wybrane — Selected Poems*
— tłumacze różni

Czesław Miłosz, *Dar — Gabe*
— przekład Karl Dedecius

Czesław Miłosz, *Tak mało — Così poco*
— przekład Pietro Marchesani, Valeria Rossella, Aleksandra Kurczab
i Margherita Guidacci

Bułat Okudżawa, *Pieśni, ballady, wiersze — Стихи и песни*
— tłumacze różni

Francesco Petrarca, *Sonety do Laury — Canzoniere*
— przekład Jalu Kurek

Halina Poświatowska, *właśnie kocham...* — *indeed I love...*
— przekład Maya Peretz

Halina Poświatowska, *ptaku mojego serca...* — *oiseau de mon coeur...*
— przekład Isabelle Macor-Filarska, Grzegorz Spławiński

Tadeusz Różewicz, *Poezje wybrane* — *Selected Poems*
— przekład Adam Czerniawski

Tadeusz Różewicz, *Poezje wybrane* — *Poésies choisies*
— przekład Jerzy Lisowski

William Shakespeare, *Tragiczna historia Hamleta księcia Danii* —
The Tragedy of Hamlet Prince of Denmark
— przekład Maciej Słomczyński

Wisława Szymborska, *Nic dwa razy* — *Nothing Twice*
— przekład Stanisław Barańczak i Clare Cavanagh

Wisława Szymborska, *Sto wierszy – Sto pociech. Hundert Gedichte –
Hundert Freuden*
— przekład Karl Dedecius

Wisława Szymborska, *O śmierci bez przesady* — *De la mort sans exagérer*
— przekład Piotr Kamiński

Wisława Szymborska, *Nic darowane* — *Nulla è in regalo*
— przekład Pietro Marchesani

Jan Twardowski, *Bóg prosi o miłość* — *Gott fleht um Liebe*
— tłumacze różni

Adam Zagajewski, *Trzej aniołowie* — *Three Angels*
— tłumacze różni

Printed in Poland
Wydawnictwo Literackie, Kraków 2000
31-147 Kraków, ul. Długa 1
http://www.wl.net.pl
e-mail: handel@wl.interkom.pl
Bezpłatna linia informacyjna 0-800 42 10 40
Skład i łamanie: „Edycja", Kraków, pl. Matejki 8
Druk i oprawa: Białostockie Zakłady Graficzne
Białystok, ul. Tysiąclecia Państwa Polskiego 2